清涼國師華嚴經疏鈔

청량국사 화엄경소초

38

명법품

청량징관 찬술 · 관허수진 현토역주

운주사

천이백 년 침묵의 역사를 깨고

오늘도 나는 여전히 거제만을 바라본다.

겹겹이 조종하는 산들

산자락 사이 실가닥 저잣길을 지나 낙동강의 시린 눈빛

그 너머 미동도 없는 평온의 물결 저 거제만을 바라본다.

십오 년 전 그날 아침을 그리며 말이다.

나는 2006년 1월 10일 은해사 운부암을 다녀왔다.

그리고 그날 밤 열한 시 대적광전에서 평소에 꿈꾸어 왔던『청량국사 화엄경소초』완역의 무장무애를 지심으로 발원하고 번역에 착수하였다.

나의 가냘픈 지혜와 미약한 지견으로 부처님의 비단과도 같은 화장 세계에 청량국사의 화려하게 수놓은 소초의 꽃을 피워내는 긴 여정을 시작한 것이다.

화엄은 바다였고 수미산이었다.

그 바다에는 부처님의 용이 살고 있었고

그 산에는 부처님의 코끼리가 노닐고 있었다.

예쁘게 단장한 청량국사 소초의 꽃잎에는 부처님의 생명이 태동하고 있었고,

겁외의 연꽃 밭에는 영원히 지지 않는 일승의 꽃이 향기를 뿜어내고

있었다.

그 바다 그 산 그리고 그 꽃밭에서 10년 7개월(구체적으로는 2006년 1월 10일부터 2016년 8월 1일까지) 동안 자유롭게 노닐었다.

때로는 산 넘고 강 건너 협곡을 지나고

때로는 은하수 별빛 따라 오작교도 다니었다.

삼경 오경의 그 영롱한 밤

숨쉬기조차 미안한 고요의 숭고함

그 시공은 영원한 나의 역경의 놀이터였다.

애시당초 이 작업은 세계 인문학의 자존심

내가 살아 숨쉬는 이 나라 대한민국 그리고 불교의 자존심에 기인한 것이다.

일찍이 그 누가 이 청량국사의 『화엄경소초』를 완역하였다면 나는 이 작업을 하지 않았을 것이다.

지금도 여전히 완역자는 없다.

더욱이 이 『청량국사화엄경소초』의 유일한 안내자 인악스님의 『잡화기』와 연담스님의 『유망기』도 그 누가 번역한 사실이 없다.

그러나 내 손안에 있는 두 분의 『사기』는 모두 다 번역하여 주석으로 정리하였다.

이 청량국사 화엄경의 소는 초를 판독하지 않으면 알 수가 없다.

그래서 그 이름을 구체적으로 대방광불화엄경수소연의초大方廣佛華嚴經隨疏演義鈔라 한 것이다.

즉 대방광불화엄경의 소문을 따라 그 뜻을 강연한 초안의 글이라는
것이다.

청량국사는 『화엄경』의 소문을 4년(혹은 5년) 쓰시되 2년차부터는
소문과 초문을 함께 써서 완성하시고 5년차부터 8년 동안 초문을
쓰셨다.

따라서 그 소문의 양은 초문에 비하면 겨우 삼분의 일에 지나지
않는다 할 것이다.

나는 1976년 해인사 강원에서 처음 『청량국사화엄경소초 현담』
여덟 권을 독파하였고,

1981년부터 3년간 금산사 화엄학림에서 『청량국사화엄경소초』를
독파하였다.

그때 이미 현토와 역주까지 최초 번역의 도면을 완성하였고,

당시에 아쉽게 독파하지 못한 십정품에서 입법계품까지의 소초는
1984년 이후 수선 안거시절 해제 때마다 독파하여 모두 정리하였다.

그러나 번역의 기연이 맞지 않아 미루다가 해인사 강주시절 잠시
번역에 착수하였으나 역시 기연이 맞지 않아 미루었다.

그리고 드디어 2006년 1월 10일 번역에 착수하여 2016년 8월 1일
십만 매 원고로 완역 탈고하고, 2020년 봄날 시공을 초월한 사상
초유 『청량국사화엄경소초』가 1,200년 침묵의 역사를 깨고 이 세상
에 처음 눈을 뜨게 된 것이다.

번역의 순서는 먼저 입법계품의 소초, 다음에는 세주묘엄품 소초에서 이세간품 소초까지, 마지막으로 소초 현담을 번역하였다.

번역의 형식은 직역으로 한 글자도 빠뜨리지 않고 번역하였다. 따라서 어색하게 느껴지는 곳도 있을 것이다.

예를 들면 소所 자를 "바"라 하고, 지之 자를 지시대명사로 "이것, 저것"이라 하고, 이而 자를 "그러나"로 번역한 등이 그렇다.

판본은 징광사로부터 태동한 영각사본을 뿌리로 하였고, 대만에서 나온 본과 인악스님의 『잡화기』와 연담스님의 『유망기』와 또 다른 사기 『잡화부』(잡화부는 검자권부터 광자권까지 8권만 있다)를 대조하여 번역하였다.

앞에서 이미 말한 것처럼, 그 누가 청량국사의 『화엄경소초』를 완역한 적이 있었다면 나는 이 번역에 착수하지 않았을 것이다. 지금까지 이 황금보옥黃金寶玉의 『청량국사화엄경소초』가 번역되지 아니한 것은 나에게 주어진 시대적 사명이고 역사적 명령이라 생각한다.

나는 이 『청량국사화엄경소초』의 완역으로 불조의 은혜를 갚고 청량국사와 은사이신 문성노사 그리고 나를 낳아준 부모의 은혜를 일분 갚는다 여길 것이다.

끝으로 이 『청량국사화엄경소초』가 1,200년의 시간을 지나 이 세상에 눈뜨기까지 나와 인연한 모든 사람들 그리고 영산거사 가족과 김시열 거사님께 원력의 보살이라 찬언讚言하며, 나의 미약한 번역으로 선지자의 안목을 의심케 할까 염려한다.

마지막 희망이 있다면 이 『청량국사화엄경소초』의 완역 출판으로 청량국사에 대한 더욱 깊고 넓은 연구와 『화엄경』에 대한 더욱 다양한 연구가 이루어지기를 바라는 것뿐이다.

장세토록 구안자의 자비와 질책을 기다리며 고개 들어 다시 저 멀리 거제만을 바라본다.

여전히 변함없는 저 거제만을.

2016년 8월 1일 절필시에 게송을 그리며

長廣大說無一字 장광대설무일자

無碍眞理亦無義 무애진리역무의

能所兩詮雙忘時 능소양전쌍망시

劫外一經常放光 겁외일경상방광

화엄경의 장대한 광장설에는 한 글자도 없고

화엄경의 걸림없는 진리에는 또한 한 뜻도 없다.

능전의 문자와 소전의 뜻을 함께 잊은 때에

시공을 초월한 경전 하나 영원히 광명을 놓누나.

불기 2567년 음력 1월 10일 최초 완역장

승학산 해인정사 관허 수진

영인본 6책 律字卷之二

대방광불화엄경수소연의초 제십팔권

大方廣佛華嚴經隨疏演義鈔 第十八卷

우진국 삼장사문 실차난타 번역
청량산 대화엄사 사문 징관 찬술
대한민국 조계종 사문 수진 현토역주

명법품 제십팔권
明法品 第十八卷

初來意者는 前明當位所成之德하고 今辨趣後勝進之行일새 故
次來也니라 又前明發心之勝德하고 今辨所具之行相일새 故次來
也니라

처음에 이 품이 여기에 온 뜻은 앞에서는 당위當位에서 성취한 공덕을
밝혔고 지금에는 뒤[1]로 취향하는 승진의 행을 분별하기에 그런 까닭
으로 다음에 이 품이 여기에 온 것이다.
또 앞에서는 발심의 수승한 공덕을 밝혔고 지금에는 구족할 바
행상을 분별하기에 그런 까닭으로 다음에 이 품이 여기에 온 것이다.

二에 釋名者는 準梵具翻인댄 應云法光明品이라하리라 統有四義
하니 一은 法慧智慧가 於能所詮에 進趣行法을 分明照了故니 卽

---

1 뒤(後)란, 십행十行·십향十向 등이다.

明所知法이라 二는 明是能詮이니 以能顯行故요 法是所詮이니 可
軌則故라 此則詮旨合目이니 明有法故며 法之明故니 通二釋也
라 三은 明是智用이요 法是理行及果니 境智合說일새 俱是所詮이
라 法之明이며 明之法이니 依主名也라 四는 所修行法이 體離無明
일새 亦唯所詮이라 有明之法이며 法卽是明이니 通有財持業也라

두 번째 이름을 해석한 것은 범본을 기준하여 갖추어 번역한다면
응당 법광명품이라 말해야 할 것이다.
모두 네 가지 뜻이 있나니
첫 번째는 법혜보살의 지혜가 능전과 소전에 나아가는 행법을 분명
히 비추어 아는 까닭이니,
곧 알아야 할 바의 법을[2] 밝힌 것이다.
두 번째는 명明이라고 한 것은 이것은 능전이니
능히 행을 나타내는 까닭이요
법法이라고 한 것은 이것은 소전이니
가히 법칙이라 할 만한 까닭이다.
이것은 곧 교전과 뜻을[3] 합하여 지목한 것이니,

---

2 알아야 할 바의 법이라고 운운한 것은 뒤에 세 가지 뜻이 이미 다 여섯 가지
  해석이 있다고 하였다면 곧 이 구절도 여섯 가지 해석에 해당하나니, 제
  세 번째 뜻으로 더불어 같은 것이다. 역시 『잡화기』의 말이다. 따라서 『잡화
  기』는 명明"은" 소지법"이라" 토를 달았으나 나는 알아야 할 바 법을 밝힌다고
  해석하였다.
3 원문에 전지詮旨란, 전詮은 능전能詮의 문자이고 지旨는 소전所詮의 뜻이다.

광명(明)에 법이 있는 까닭이며 법法의 광명(明)인 까닭이니 두 가지 해석에 통하는 것이다.

세 번째는 명明이라고 한 것은 이것은 지혜의 작용이요 법法이라고 한 것은 이것은 이理와 행行과 그리고 과果이니, 경계와 지혜를 합하여 설하였기에 함께 소전이 되는 것이다. 법의 광명이며 광명의 법이니 의주석으로써 이름한 것[4]이다.

네 번째는 닦아 행할 바 법이 자체가 무명을 떠났기에 또한 오직 소전뿐이다.

광명이 있는 법이며 법이 곧 광명이니 유재석과 지업석에 통하는 것이다.

鈔

統有四義者는 然法光明을 攝論中釋云호대 能正了知周遍無量하고 無分限相인 大法光明이라하얏거늘 今疏엔 取諸釋意하야 參爲四義하니 初一은 卽世親意라 世親이 先牒本論意하고 釋云호대 謂正了達十方無邊하고 無分限相이 如善習誦文字光明일새 名法光明이라하얏거늘 今疏取意하니 以能正了達은 卽法慧智요 十方無邊法은 卽此勝進의 能所詮法也라 二는 卽無性意라 彼牒本論竟하고 釋云호대 謂正通達十方의 無邊無分限相하야 顯照行故로 名法光明이라하얏거늘 今疏取意하니라 無性은 但有顯照行言이 異於世親일새 故取意義하

---

4 의주석으로써 이름한다고 한 것은 경계와 더불어 지혜가 서로서로 승렬이 있는 까닭이다. 역시 『잡화기』의 말이다.

야 以能詮으로 爲光明거니와 而無性意도 亦有菩薩智로 爲明耳니라
上二攝論은 皆是第七이라 三은 卽梁論意라 梁論은 卽世親으로 同本
異譯이나 而文稍廣多하니 是敵對譯故라 彼論第十에 先牒本論云호
대 三은 能見一切處에 無量無分別相인 善法光明이라하고 次釋云호
대 約三乘法하야 說一切處하며 又約內外法하야 說一切處하며 又約
眞俗法하야 說一切處하니 如此一切處에 菩薩能見無量相호대 如佛
所說法相과 及世間所立法相하야 菩薩皆能了達은 卽如量智요 如
其本數量하야 菩薩以如理智로 通達無分別相하니 此二智가 能照了
眞俗境故로 名法光明이라하니라 釋曰此中論意는 不異初釋이나 但
文이 廣說一切處等耳니라 而能了達者는 亦通諸菩薩智어늘 今取其
別意하야 但取所詮中에 菩薩之智가 異法慧智일새 故爲別耳니라 其
第四意는 一向義라니 顯此四解가 後後가 狹於前前耳니라

모두 네 가지 뜻이 있다고 한 것은 그러나 법의 광명을 『섭론攝論』5
가운데 해석하여 말하기를 능히 바로 두루하여 한량이 없고 분한이
없는 모습인 큰 법의 광명을 요달하여 안다 하였거늘, 지금 소문에서
는 모든 해석의 뜻만을 취하여 섞어서 네 가지 뜻을 삼았으니
처음에 한 가지는 곧 세친보살의 뜻이다.
세친보살이 먼저 본론本論6의 뜻7을 첩석하고 해석하여 말하기를,

5 『섭론攝論』은 『섭대승론攝大乘論』으로 무착無着이 지은 것이다. 이 『섭대승론攝
大乘論』에 세친世親과 무성無性의 해석이 있다. 세친世親의 해석엔 양梁나라
진제眞諦가 15권으로 번역하고, 현장도 10권으로 번역하였다. 무성無性의
해석엔 현장이 10권으로 번역하였다.

말하자면 바로 시방의 끝이 없고 분한이 없는 모습을 요달하는 것이 마치 문자를[8] 잘 익혀 외우는 광명과 같기에 이름을 법광명이라 하였거늘, 지금 소문에서는 뜻만을 취하였으니 능히 바로 요달한다고 한 것은 곧 법혜의[9] 지혜요
시방의 끝이 없는 법의 모습이라고 한 것은 곧 승진의 능전·소전의 법이다.

두 번째는 곧 무성의 뜻이다.
저 무성이 본론을 첩석하여 마치고 해석하여 말하기를, 말하자면 시방의 끝이 없고 분한이 없는 법의 모습을 바로 통달하여 반조하는 행을 나타내는 까닭으로 이름을 법광명이라 하였거늘, 지금 소문에서는 그 뜻만을 취하였다.
무성은 다만 반조하는 행을 나타낸다고 한 말이 있는 것만이 세친보살과 다를 뿐이기에 그런 까닭으로 뜻만을 취하여 능전으로써 광명을 삼았거니와, 무성의 뜻은 또한 보살의 지혜가 있다는 것으로 광명을 삼기도 하였다.

---

6 본론本論은 『섭론攝論』이다.

7 意 자는 竟 자의 오자誤字라고도 한다. 바로 뒤 영인본 화엄 6책, p.233, 1행에 같은 예例로 첩본론경牒本論竟이라 하니 그렇다.

8 마치 문자 운운은 예를 거론한 것이니, 문자의 광명은 교敎의 광명인 까닭으로 법法의 광명이라는 글자로 더불어 다른 것이요, 혹 이것을 마치 잘 익혀 외우려는 문자 광명과 같다고도 하였다. 역시 『잡화기』의 말이다.

9 원문 卽法 아래에 慧 자가 있어야 한다. 그러나 『잡화기』는 智 자와 慧 자가 앞뒤로 바뀌었다고만 하였다. 다 뜻은 같다 하겠다.

위에 두 『섭론』[10]은 다 제칠권이다.

세 번째는 곧 『양섭론』의 뜻이다.
『양섭론』은 곧 세친 『섭론』과 본本은 같고[11] 해석은 다르지만 문장이
점점 넓어지나니 다분히 대적하여 번역한[12] 까닭이다.
저 『양섭론』 제십권에 먼저 본론을 첩석하여 말하기를 세 번째는
능히 일체 처소에[13] 헤아릴 수 없고 분별할 수 없는[14] 모습인 선법의
광명을 본 것이다 하고, 다음에 해석하여 말하기를 삼승의 법을

---

10 원문에 이섭론二攝論은 세친섭론世親攝論과 무성섭론無性攝論이다.

11 『양섭론』은 곧 『세친론』과 본은 같다고 한 등은 진제가 번역한 천친이 지은
바 논석이 이 땅에 유전한 것이 이것이 『양섭론梁攝論』이니 『대명법수』 20권,
19장을 볼 것이다. 역시 『잡화기』의 말이다.

12 대적하여 번역한다고 한 것은 뜻을 취하여 간략하게 번역(의역意譯)하지 않고
반드시 범어로 더불어 낱낱이 대적하여 번역(직역直譯)한 까닭으로 문장이
광다廣多한 것이다. 역시 『잡화기』의 말이다.
敵對譯이란, 공격적이다. 사사건건 한마디도 지지 않고 대적하여 응수한다는
것이다.

13 세 번째는 능히 일체 처소에 운운한 것은 저 『양섭론』 제지諸地 가운데
다 오수五修가 있으되 이것이 제 세 번째에 해당하는 까닭이다. 무량이라는
무無 자는 아래 분별이라는 말에까지 관통하나니, 그 뜻에 말하기를 헤아릴
수 없다면 분별할 수도 없다는 것이니 여기에 해석한 바를 안찰한다면 곧
가히 볼 수 있을 것이다. 역시 『잡화기』의 말이다.

14 원문 無量 아래에 無 자가 빠졌다. 즉 무분별無分別이라는 것이다. 三은
能見一切處에 無量無分別相인 善法光明이란 본론本論의 모든 지위地位 중에
오수五修가 있으니 지금은 제삼第三에 해당한다.

잡아서 일체 처소를 설하며

또 내외內外의 법[15]을 잡아서 일체 처소를 설하며

또 진속眞俗의 법을 잡아서 일체 처소를 설하나니

이와 같이 일체 처소에서 보살이 능히 한량없는 모습을 보되 부처님이 설하신 바 법상과 그리고 세간이 성립한 바 법상과 같아서 보살이 다 능히 요달하는 것은 곧 여량지요

그 본래 수량과 같아서 보살이 여리지로써 분별할 수 없는 모습을 통달하나니,

이 두 가지 지혜가 능히 진속의 경계를 비추어 요달하는 까닭으로 이름을 법광명이라 하였다.

해석하여 말하면 이 가운데 『섭론』의 뜻은 처음 해석한[16] 것과 다르지 않지만 다만 문장이 일체 처소 등을 폭넓게 설하였을 뿐이다. 그러나 능히 요달한다고 한 것은 또한 모든 보살의 지혜에도 통하거늘, 지금에는 그 별의別意만을 취하여 다만 소전 가운데 보살의 지혜가 법혜보살의 지혜와는 다름을 취하였기에 그런 까닭으로 다름이 되는 것이다.

그 제 네 번째 뜻은 일향에 뜻을 더한 것이니,

이 네 가지 뜻이 후후가 전전보다 좁은 것을 나타낸 것이다.

---

15 내외內外의 법이라고 한 것은 내외의 교법이라고 『잡화기』는 말한다.

16 처음 해석이란, 세친世親이 해석한 뜻이다.

疏

三에 宗趣者는 明法不同이 略有四種하니 謂敎理行果라 尋敎悟
理하며 觀理起行하며 行成得果하나니 皆初宗後趣니라 又此四는
皆宗이요 爲成後位하고 及成勝德은 爲趣니라

세 번째 종취는 명법明法의 같지 않는 것이 간략하게 네 가지가
있나니,
말하자면 교·리·행·과이다.
가르침을 찾아 진리를 깨달으며
진리를 관찰하여 행을 일으키며
행이 이루어짐에 과를 얻나니,
다 처음에는 종宗이요
뒤에는 취趣이다.
또 이 네 가지는 다 종이 되는 것이요
뒤에 지위를 이루고 그리고 수승한 공덕을 이루기 위한 것은 취가
되는 것이다.

經

爾時에 精進慧菩薩이 白法慧菩薩言호대

그때에 정진혜보살이 법혜보살에게 여쭈어 말하기를

疏

第四는 釋文이라 文有三分하니 一은 請說分이요 二는 正說分이요
三은 結說分이라 今初에 分二리니 先은 長行이요 後는 祇夜라 前中
亦二니 初는 敍問答之人이니 勝進趣後에 非勤不能일새 故精進慧
問이라

제 네 번째는 경문을 해석한 것이다.
경문에 삼분三分이 있나니
첫 번째는 설하기를 청하는 분分이요
두 번째는 바로 설하는 분이요
세 번째는 설함을 맺는 분이다.

지금은 처음으로 두 가지로 나누리니
먼저는 장행문이요
뒤에는 게송문이다.

앞의 장행문 가운데 또한 두 가지가 있나니

처음에는 문답하는 사람을 서술한 것이니,

승진하여 후위後位에 나아감에 부지런히 정진하지 않는다면 가능하
지 않기에 그런 까닭으로 정진혜보살이 물은 것이다.

經

佛子야 菩薩摩訶薩이 初發求一切智心하야 成就如是無量功德
하야 具大莊嚴하며 昇一切智乘하며 入菩薩正位하며 捨諸世間
法하며 得佛出世法하며 去來現在의 諸佛攝受하며 決定至於無
上菩提의 究竟之處하니

불자여, 보살마하살이 처음 일체 지혜를 구하려는 마음을 일으켜
이와 같은 한량없는 공덕을 성취하여 큰 장엄을 구족하며
일체 지혜의 수레에 오르며
보살의 바른 지위에 들어가며
모든 세간의 법을 버리며
부처님의 출세간법을 얻으며
과거·미래·현재의 모든 부처님이 섭수하시며
결정코 더 이상 없는 보리의 구경究竟 처소에 이르렀나니

疏

二에 佛子下는 正申所問이라 亦分爲二리니 初는 領前自分勝德이
요 後는 請說勝進之行이라 前中先總이요 後에 具大莊嚴下는 別이
라 別有七句하니 一은 領德이니 卽領前莊嚴一切諸佛의 不共之法
이요 二는 領乘이니 卽上已住究竟一乘道요 三은 領位니 位不退故
니 卽上已住如來平等性과 三世諸佛家中生이라 此下는 晉云離

生道者는 即是領道니 圓教初住가 離生因故라 今에 四五二句는
晋經에 一句로 以捨世間하고 得出世法하야 入住正位라하니 即上
於諸世間에 不分別等이라 六에 去來現在의 諸佛攝受는 領得勝
緣이니 即上佛護佛讚等也라 七에 決定至於菩提는 領其當果니
即上云當得三世諸佛無上菩提라하니라 德雖無量이나 不出於此
일새 故略擧耳니 此約當住位釋이라 若約攝於上位인댄 理無不通
이나 而於求勝進엔 義非愜當하니라

제 두 번째 불자여, 보살마하살이라고 한 아래는 바로 물음을 바를
편 것이다.
또한 나누어 두 가지로 하리니
처음에는 앞[17]에 자분의 수승한 공덕을 아는 것이요
뒤에는 승진의 행을 설하기를 청하는 것이다.
앞에 자분의 수승한 공덕 가운데 먼저는 한꺼번에 설한 것이요
뒤에 큰 장엄을 구족했다고 한 아래는 따로 설한 것이다.

따로 설한 것에 일곱 구절이 있나니
첫 번째는 공덕을 아는 것이니,
곧 앞[18]에 일체 모든 부처님의 불공不共의 불법佛法을 장엄한다고
한 것을 아는 것이요

---

17 앞이란, 십주十住 가운데 매주每住에 자분自分·승진勝進 가운데 자분自分이다.
18 앞이란, 영인본 화엄 6책, p.175, 4행이다.

두 번째는 수레를 아는 것이니,

곧 위에 이미 구경인 일승의 도에 머문다고 한 것을 아는 것이요

세 번째는 지위를 아는 것이니,

지위가 물러나지 않는 까닭이니 곧 위에 이미 여래의 평등한 성품[19]에

머문다고 한 것과 삼세에 모든 부처님의 집[20] 가운데 태어난다고

한 것을 아는 것이다.

이 아래는 진역경에 말하기를 이생도離生道라고 한 것은 곧 도를

아는 것이니

원교의 초주가[21] 이생도의 원인이 되는 까닭이다.

지금에 제 네 번째와 제 다섯 번째의 두 구절은 진역경에는 한

구절로, 세간을 버리고 출세간의 법을 얻어 바른 지위에 들어가

머문다 하였으니,

곧 위[22]에 모든 세간에 분별하지 않는다고 한 등이다.

여섯 번째 과거·미래·현재의 모든 부처님이 섭수한다고 한 것은

곧 수승한 인연을 알아서 얻는 것이니,

곧 위에 부처님이 보호하고 부처님이 찬탄한다고 한 등이다.

일곱 번째 결정코 보리에 이른다고 한 것은 그 당과當果를 아는

---

19 원문에 여래평등성如來平等性은 영인본 화엄 6책, p.197, 9행이다.

20 원문에 삼세제불가三世諸佛家는 영인본 화엄 6책, p.206, 1행이다.

21 원교의 초주가 운운한 것은 다른 교는 곧 초지라야 바야흐로 이생성장離生性障
을 떠나지만 이 원교는 초주가 다른 교의 초지와 같은 까닭이다. 역시『잡화
기』의 말이다.

22 위란, 영인본 화엄 6책, p.208, 말행末行이다.

것이니,

곧 위[23]에서 말하기를 마땅히 삼세에 모든 부처님이 더 이상 없는 보리를 얻는다고 한 것이다.

공덕이 비록 한량이 없지만 이것을 벗어나지 않기에 그런 까닭으로 간략하게 거론하였을 뿐이니,

이것은 당주當住[24]의 지위를 잡아서 해석한 것이다.

만약 상위上位[25]에 섭수함을 잡는다면 이치가 통하지 아니함이 없지만 그러나 승진을 구함에는 뜻이 협당愜當하지가 않는 것이다.

鈔

德雖無量下는 總結이니 謂領其當位에 已得勝進거니 云何上求고할새 故云而於勝進에 義非愜當이라하니라

공덕이 비록 한량이 없지만이라고 한 아래는 모두 맺는 것이니, 말하자면[26] 그 당위에서 이미 승진을 얻은 줄 알았거니 어떻게 위로 구하겠는가 하기에 그런 까닭으로 말하기를 그러나 승진을 구함에는 뜻이 협당愜當하지가 않는 것이다 하였다.

---

23 위란, 영인본 화엄 6책, p.175, 1행이다.
24 당주當住란, 십주자위十住自位이다.
25 상위上位란, 십행十行, 십향十向 등이다.
26 원문에 위송謂頌이라 한 송頌 자는 영領 자의 잘못이다.

經

彼諸菩薩이 於佛敎中에 云何修習하야사 令諸如來로 皆生歡喜하며 入諸菩薩所住之處하며 一切大行이 皆得淸淨하며 所有大願을 悉使滿足하며 獲諸菩薩의 廣大之藏하며 隨所應化하야 常爲說法하며 而恒不捨波羅蜜行하며 所念衆生을 咸令得度하며 紹三寶種하야 使不斷絶하며 善根方便이 皆悉不虛닛가

저 모든 보살이 부처님의 가르침 가운데 어떻게 닦아 익혀야 모든 여래로 하여금 다 환희를 내게 하며

모든 보살이 머무는 바 처소에 들어가며

일체 큰 행이 다 청정함을 얻으며

소유한 큰 서원을 다 하여금 만족케 하며

모든 보살의 광대한 창고를 얻으며

응당 교화할 바를 따라서 항상 법을 설하며

항상 바라밀행을 버리지 아니하며

생각한 바 중생을 다 하여금 제도를 얻게 하며

삼보의 종성을 이어 하여금 끊어지지 않게 하며

선근의 방편이 모두 다 헛되지 않게 하겠습니까.

疏

二에 彼諸菩薩下는 請後勝進이라 於中亦二니 先은 問所成行體요

後는 問行成德用이니 以破癡等으로 爲德用故라 前中에 先은 正問
이요 後는 結請이라 前中에 十句爲三하리니 初五는 自利兼他라
一은 問云何修習하야사 順佛令喜는 其修習言은 亦總亦別이니 總
은 遍諸句요 別은 謂策勤이니 卽下答中에 明不放逸이라 二는 問順
法入位요 三은 順行이요 四는 順願이요 五는 順德이니 積德成藏故
라 次四는 利他兼自니 束爲二對리니 初는 常說法而不捨自行이요
後는 下念四生하고 上弘三寶라 末後一句는 總結二利不虛라

두 번째 저 모든 보살이라고 한 아래는 뒤에 승진을 청한 것이다.
그 가운데 또한 두 가지가 있나니
먼저는 이룰 바 행의 자체를 물은 것이요
뒤에는 행으로 이루는 공덕의 작용을 물은 것이니
어리석음을 깨뜨리는 등으로써 공덕의 작용을 삼는 까닭이다.
앞의 가운데 먼저는 바로 물은 것이요
뒤에는 맺어서 청한 것이다.

앞의 묻는 가운데 열 구절을 세 가지로 하리니
처음에 다섯 구절은 자리가 이타를 겸한 것이다.[27]
첫 번째 어떻게 닦아 익혀야 부처님께 수순하여 하여금 환희를
내게 하는가 하고 물은 것은 그 닦아 익힌다고 한 말은 또한 한꺼번에

---

27 원문에 초오자리겸타初五自利兼他는, 初五句는 낱낱이 다 스스로 하는 것이지
   만 그러나 다른 사람으로 하여금 이와 같이 하게 하는 것이기도 하다.

설한 말이기도 하고 또 따로 설한 말이기도 하나니

한꺼번에 설한 것이라고 한 것은 모든 구절에 두루함을 말한 것이요

따로 설한 것이라고 한 것은 채찍질하여 부지런히 정진함을 말한

것이니,

곧 아래 답한 가운데 방일하지 않는다[28]는 뜻을 밝힌 것이다.

두 번째는 법을 따라 지위에 들어감을 물은 것이요

세 번째는 행을 따르는 것이요

네 번째는 서원을 따르는 것이요

다섯 번째는 공덕을 따르는 것이니

공덕을 쌓아 창고를 이루는 까닭이다.

다음에 네 구절은 이타가 자리를 겸한 것이니,

묶어서 이대二對를 하리니

처음에는 항상 법을 설하고 스스로의 수행을 버리지 않는 것이요[29]

뒤에는 아래로 사생四生을 생각하고 위로 삼보를 흥원하는 것이다.

말 후에 한 구절은 자리·이타가 헛되지 아니함을 모두 맺는 것이다.

---

28 원문에 불방일不放逸이란, 곧 여기에 수습修習이라는 뜻이다.

29 원문에 상설법常說法은 이타利他이고, 불사자행不捨自行은 자리自利이다. 또
   입으로 설說하고 몸으로 행하는 것이라는 뜻이기도 하다.

經

佛子야 彼諸菩薩이 以何方便으로 能令此法으로 當得圓滿이닛
가 願垂哀愍爲我宣說하소서 此諸大會에 靡不樂聞하니다

불자여, 저 모든 보살이 무슨 방편으로써 능히 이 법으로 하여금
마땅히 원만함을 얻게 하겠습니까.
원컨대 어여삐 여기는 마음을 내려 우리를 위하여 선설하세요.
이 모든 대회에 대중이 즐겁게 듣고자 아니함이 없습니다.

疏

二에 佛子下는 結請이니 可知라

두 번째 불자라고 한 아래는 맺어서 청한 것이니
가히 알 수가 있을 것이다.

經

復次如諸菩薩摩訶薩이 常勤修習하야 滅除一切無明黑暗하며
降伏魔怨하며 制諸外道하며 永滌一切煩惱心垢하며 悉能成就
一切善根하며 永出一切惡趣諸難하며 淨治一切大智境界하며
成就一切菩薩의 諸地諸波羅蜜과 總持三昧와 六通三明과 四無
所畏의 清淨功德하며 莊嚴一切諸佛國土하고 及諸相好身語心
行을 成就滿足하며 善知一切諸佛如來의 力無所畏와 不共佛法
하며 一切智智의 所行境界하며 爲欲成熟一切衆生하야 隨其心
樂하야 而取佛土하야 隨根隨時하야 如應說法種種無量廣大佛
事하며

다시 저 모든 보살마하살이 항상 부지런히 닦아 익혀 일체 무명의
어둠을 멸제하며
마군의 원수를 항복받으며
모든 외도를 제어하며
일제 번뇌에 물든 마음의 때를 영원히 씻으며
다 능히 일체 선근을 성취하며
일체 악취와 모든 어려움을 영원히 벗어나며
일체 큰 지혜의 경계를 깨끗하게 다스리며
일체 보살의 모든 지위와[30] 모든 바라밀과 총지와 삼매와 육신통

---

30 원문에 제지諸地라고 말한 등은, 십이사十二事 가운데 제팔사第八事에 칠종정
  덕七種淨德을 말하고 있다. 그러나 아래서는(영인본 화엄 6책, p.334) 육사六事

과 삼명과 사무소외의 청정한 공덕을 성취하며

일체 모든 부처님의 국토를 장엄하고 그리고 모든 상호와 몸과
말과 마음의 행덕을 성취하여 만족하며

일체 모든 부처님 여래의 십력과 사무소외와 십팔불공의 불법을
잘 알며

일체 지혜의 지혜로 행할 바 경계를 잘 알며

일체중생을 성숙케 하고자 하기 위하여 그들의 마음에 좋아함을
따라 부처님의 국토를 취하여 근기를 따르고 때를 따라 응함과
같이 법의 가지가지 한량없고 광대한 불사를 설하며

疏

第二에 復次下는 問行成德用이라 文亦分二리니 初는 正問이요
後는 結請이라 前中分二리니 初는 問行所成因德이요 二는 問結因
成果德이라 今初에 有十二事하니 初十一字는 貫下諸句라 一은
能滅無明이니 未審커라 修何行法하야사 而能滅耶아 諸句皆爾하
야 意在徵因이라 無明有體하고 黑闇爲用하니 非明無之處를 卽名
無明일새 故別有惑體요 由無明故로 事理皆昧를 名爲黑闇이라
二는 問降魔요 三은 問制外요 四는 問究竟斷道니 心垢는 卽是所
知며 亦名習氣라 五는 善根을 以何而成이요 六은 三惡八難을 云何
可出이요 七은 智境을 何由淨治요 八은 地等七種淨德을 云何成

로 되어 있다. 즉 아래는 총지總持가 없다.

就이요 九는 依正三業功德을 云何莊嚴滿足이요 十은 以何觀力하고
知佛功德이요 十一은 一切智境을 復云何知요 十二는 何法으로
能成就衆生하고 乃至作大佛事라

제 두 번째 다시라고 한 아래는 행으로 이루는 공덕의 작용을 물은
것이다.
경문을 또한 두 가지로 나누리니
처음에는 바로 물은 것이요
뒤에는 맺어서 청한 것이다.
앞의 물는 가운데 두 가지로 나누리니
처음에는 행으로 이룰 바 원인의 공덕을 물은 것이요
두 번째는 원인을 맺어 과보를 이루는 공덕을 물은 것이다.

지금은 처음으로 열두 가지 사실이 있나니
처음에 열한 글자[31]는 아래 모든 구절을 관통한다.
첫 번째 사실은 능히 무명을 멸제하는 것이니
알지 못하겠다. 어떤 행법을 닦아야 능히 멸제할 수 있는가.
모든 구절이 다 그러하여 그 뜻이 원인을 묻는 데 있다.
무명은 자체가 있고 어둠은 작용함이 있나니,[32]
밝음이 없는 곳을 곧 무명이라 이름하는 것이 아니기에 그런 까닭으

---

31 원문에 初十一字란, 경문經文에 復次라는 말을 제외하고 如諸菩薩摩訶薩
  常勤修習이라 한 열한 글자(十一字)이다.
32 무용無用이라 한 무無 자는 위爲 자가 좋아 고쳐 번역하였다.

로 따로 번뇌煩惱[33]의 자체가 있다는 것이요

무명을 인유한 까닭으로 사리에 다 어두운 것을 이름하여 어둠이라 하는 것이다.

두 번째는 마군의 원수를 항복받는 것을 물은 것이요

세 번째는 외도를 제어하는 것을 물은 것이요

네 번째는 구경에 끊는 도를 물은 것이니

마음의 때라고 한 것은 곧 이것은 소지장이며 또한 이름이 습기이다.

다섯 번째는 선근을 무엇으로써 성취하는가 한 것이요

여섯 번째는 삼악도와 팔난을 어떻게 가히 벗어나는가 한 것이요

일곱 번째는 지혜의 경계를 무엇으로 인유하여 깨끗하게 다스리는가 한 것이요

여덟 번째는 모든 지위 등 일곱 가지 청정한 공덕[34]을 어떻게 성취하는가 한 것이요

아홉 번째는 의보依報와 정보正報[35]와 삼업의 공덕을 어떻게 장엄하고 만족하는가 한 것이요

열 번째는 무엇으로 십력을 관찰하고 부처님의 공덕을 아는가 한 것이요

열한 번째는 일체 지혜의 경계를 다시 어떻게 아는가 한 것이요

열두 번째는 무슨 법으로 능히 중생을 성취하고 내지 광대한 불사를

---

33 번뇌煩惱란, 곧 무명無明이다.

34 원문에 칠종정덕七種淨德은 제지諸地, 제바라밀諸波羅蜜, 총지總持, 삼매三昧, 육통六通, 삼명三明, 사무소외四無所畏이다.

35 의보依報는 제불국토諸佛國土이고, 정보正報는 제상호諸相好이다.

짓는가 한 것이다.

鈔

非明無之處를 卽名無明等者는 卽俱舍第十偈云호대 明所治無明
은 如非親實等이라하니 上句는 正明有體니 謂此無明은 不了四諦니
明所對治일새 名曰無明이며 與明相違일새 方名無明이어니와 非是
離明之外에 皆是無明이니 此揀眼等이라 亦非明無之處를 卽名無明
은 此卽正明有體라 下句는 擧喩釋成이니 六地當釋하리라

밝음이 없는 곳을 곧 무명이라 이름하는 것이 아니라고 한 등은
곧 『구사론』 제십권 게송에 말하기를
밝음으로 다스릴 바 무명은
마치 친우가 진실하지 않다는 등[36]과 같다 하였으니
위에 구절[37]은 바로 자체가 있음을 밝힌 것이니,
말하자면 이 무명은 사제를 알지 못하나니[38] 밝음으로 상대하여
다스릴 바이기에 이름을 무명이라 말하며 밝음으로 더불어 서로
어기기에 바야흐로 이름을 무명이라 말하는 것이어니와, 밝음을

---

36 원문에 비친실등非親實等의 等 자는 『구사론俱舍論』 10권十卷 게송偈頌에
　　非法非義 非了等性 非異非無라는 말을 등취等取한 것이다. 즉 친우가 법답지
　　않고 義답지 않다는 등이다.
37 원문에 上句란, 명소치무명明所治無明이다.
38 四諦 아래에 明 자가 있어야 한다. 『잡화기』는 제諦와 소所 사이에 명明
　　자가 빠졌다 하였으니 같은 말이다.

떠난 밖에[39] 모두 다 무명이라 말하는 것은 아니니 이것은 눈 등과는
다름을 가리는[40] 것이다.
또 밝음이 없는 곳을 곧 무명이라 이름하는 것이 아니라고 한 것은
이것은 바로 자체가 있음을 밝힌[41] 것이다.
아래 구절[42]은 비유를 들어 해석하여 성립한 것이니
육지에서[43] 마땅히 분별하겠다.

---

39 밝음을 떠난 밖에 운운한 것은 제일사第一師의 다른 것과 혼란하는 허물을
  가리는 것이고, 바로 아래 또 밝음이 없는 곳이라 운운한 것은 제이사第二師의
  자체가 없다는 허물을 가리는 것이니 자세한 것은 궐자권闕字卷 56장, 상,
  4행을 볼 것이다. 역시 『잡화기』의 말이다. 또 밝음이 없는 곳이라 한 이전은
  제일사의 자체가 있다는 말을 근간한 것이고, 이하는 제이사의 자체가 없다는
  말을 근간한 것이라 하겠다. 즉 제일사는 자체가 있다는 것이다.

40 원문에 차간안등此揀眼等이란, 눈으로 밝음을 보고 귀로 소리를 듣는다고
  한 등과는 다르다는 것이다. 사기私記에서는 이 네 글자(此四字)를 注라 하였
  다. 此四字란, 차此·간揀·안眼·등等이다.

41 정명正名이라 한 명名 자는 명明 자의 잘못이라고 『잡화기』는 말하나 차본此本
  은 이미 교정되어 있다.

42 원문에 下句란, 여비친실등如非親實等이다.

43 육지 운운은 궐자권 56을 볼 것이다.

경

及餘無量諸功德法과 諸行諸道와 及諸境界를 皆悉圓滿하야 疾
與如來의 功德平等하며

그리고 나머지 한량없는 모든 공덕의 법과 모든 행과 모든 도와
그리고 모든 경계를 다 원만하게 하여 빨리 여래의 공덕으로 더불어
평등하며

소

第二에 及餘下는 結因成果라 於中二니 先은 正結等이니 謂結所
不說과 及等如來라

제 두 번째 그리고 나머지라고 한 아래는 원인을 맺어 과보를 이루는
공덕이다.
그 가운데 두 가지가 있나니
먼저는 바로 평등함을 맺는 것이니,
말하자면 설할 수 없는 바와 그리고 여래와 평등함을 맺는 것이다.

經

於諸如來應正等覺이 百千阿僧祇劫에 修菩薩行時에 所集法
藏을 悉能守護하고 開示演說하며 諸魔外道가 無能沮壞하며 攝
持正法하야 無有窮盡하며 於一切世界에 演說法時에 天王龍王
과 夜叉王과 乾闥婆王과 阿脩羅王과 迦樓羅王과 緊那羅王과
摩睺羅伽王과 人王梵王과 如來法王이 皆悉守護하며 一切世間
이 恭敬供養하며 同灌其頂하야 常爲諸佛之所護念하며 一切菩
薩이 亦皆愛敬하며 得善根力하야 增長白法하며 開演如來의 甚
深法藏하며 攝持正法하야 以自莊嚴이닛가

저 모든 여래·응공·정등각이 백천 아승지세월에 보살의 행을 닦을
때에 모은 바 법장을 다 능히 수호하고 개시하여 연설하며
모든 마군과 외도가 능히 무너뜨리지 못하며
정법을 섭수하여 가지기를 다함이 없이 하며
일체 세계에서 법을 연설할 때에 천왕과 용왕과 야차왕과 건달바왕
과 아수라왕과 가루라왕과 긴나라왕과 마후라가왕과 인왕과 범천
왕과 여래법왕이 다 수호하며
일체 세간이 공경하고 공양하며
다 같이 그의 머리에 물을 부어 항상 모든 부처님의 호념하는
바가 되며
일체 보살이 또한 다 사랑하고 공경하며
선근의 힘을 얻어 백정법을 증장하며

여래의 깊고도 깊은 법장을 열어 연설하며
정법을 섭수하여 가져 스스로 장엄하겠습니까.

疏

第二에 於諸如來下는 顯等佛之用이니 護持正法이 便等佛故라
故偏明之니 文有十句라 初總餘別이니 總謂開示演說敎理行果
가 皆有護義라 諸魔下는 別이니 一은 異敵不侵이요 二는 攝持修行
이요 三은 十王外助요 四는 擧世同欽이요 五는 諸佛灌頂이니 準梵
本云인댄 一切如來가 共所守護하야 同灌其頂이라하니 故應迴文
이라 六은 菩薩愛敬이요 七은 得衆善根이요 八은 能演深法이요
九는 攝德自嚴이니 若得此九인댄 方名護法이라

제 두 번째 저 모든 여래라고 한 아래는 부처님과 평등한 작용을
나타낸 것이니,
정법을 수호하고 가지는 것이 곧 부처님과 평등한 까닭이다.
그런 까닭으로 치우쳐 밝힌 것이니
경문에 열 구절이 있다.
처음 구절은 한꺼번에 설한 것이요
나머지 구절은 따로 설한 것이니
한꺼번에 설한 것은 말하자면 교리행과敎理行果[44]를 개시하여 연설하
는 것이 다 수호의 뜻이 있는 것이다.

---

44 교리행과敎理行果는 경문經文에 곧 법장法藏을 의미하고 있다.

모든 마군이라고 한 아래는 따로 설한 것이니

첫 번째는 이교도의 적들이 침범하지 못하는 것이요

두 번째는 정법을 섭수하여 가져 수행하는 것이요

세 번째는 십왕+王들이 밖으로 도우는 것이요

네 번째는 일체 세간이 다 흠모하는 것이요

다섯 번째는 모든 부처님이 머리에 물을 붓는 것이니,

법본을 기준하여 말한다면 일체 여래가 함께 수호하여 다 같이

그의 머리에 물을 붓는 바라 하였으니

그런 까닭으로 응당 문장을 돌이켜야[45] 할 것이다.

여섯 번째는 보살이 사랑하고 공경하는 것이요

일곱 번째는 수많은 선근을 얻는 것이요

여덟 번째는 능히 깊고도 깊은 법을 연설하는 것이요

아홉 번째는 공덕을 섭지하여 스스로 장엄하는 것이니,

만약 이 아홉 가지를 얻는다면 바야흐로 이름을 법장을 수호한다

할 것이다.

---

45 원문에 회문迴文이란, 곧 常爲諸佛之所護念하야 同灌其頂이라 해야 한다는
   것이니 번역하면 항상 모든 부처님이 호념하여 다 같이 그의 머리에 물을
   붓는 바가 된다 할 것이다.

經

一切菩薩의 所行次第를 願皆演說하소서

일체 보살의 행할 바 차례를 원컨대 다 연설하세요.

疏

二에 一切下는 結請이니 可知라

두 번째 일체 보살이라고 한 아래는 맺어서 청한 것이니
가히 알 수가 있을 것이다.

經

爾時에 精進慧菩薩이 欲重宣其義하야 而說頌言호대

大名稱者善能演　　菩薩所成功德法하니
深入無邊廣大行하며　具足淸淨無師智하니다

그때에 정진혜보살이 거듭 그 뜻을 선설하고자 하여 게송을 설하여
말하기를

큰 이름 가진 이[46]가 잘 능히
보살의 성취한 바 공덕의 법을 연설하니
끝없는 광대한 행에 깊이 들어가며
청정한 무사 지혜(無師智)를 구족하였습니다.

疏

第二에 爾時下는 偈文이니 分二리라 初一은 讚說者라

제 두 번째 그때라고 한 아래는 게송문이니
두 가지로 나누겠다.
처음에 한 게송은 설하는 사람을 찬탄한 것이다.

---

46 원문에 대명칭자大名稱者란, 법혜보살法慧菩薩이다.

經

若有菩薩初發心하야 成就福德智慧乘하고
入離生位超世間하야 普獲正等菩提法인댄

만약 어떤 보살이 처음 발심하여
복덕과 지혜의 수레를 성취하고
이생의 지위[47]에 들어가 세간을 초월하여
널리 정등보리의 법을 얻고자 한다면

疏

餘十은 頌上文이라 於中亦二니 初一은 頌領前이라

나머지 열 게송은 위에 경문을 읊은 것이다.
그 가운데 또한 두 가지가 있나니
처음에 한 게송은 앞에 안다고 한 것[48]을 읊은 것이다.

---

47 원문에 이생위離生位란, 즉 무생위無生位이다.
48 원문에 영전領前이란, 즉 앞(前)에 영승領乘 등이니 영인본 화엄 6책, p.235에
   설한 것이다.

經

彼復云何佛敎中에　堅固勤修轉增勝하야
令諸如來悉歡喜하며　佛所住地速當入하며

所行淸淨願皆滿하며　及得廣大智慧藏하며
常能說法度衆生이나　而心無依無所著하며

菩薩一切波羅蜜을　悉善修行無缺減하며
所念衆生咸救度하며　常持佛種使不絶하며

所作堅固不唐捐하며　一切功成得出離릿가
如諸勝者所修行한　彼淸淨道願宣說하소서

저가 다시 어떻게 부처님의 가르침 가운데
견고하게 부지런히 수행하여 전전히 더 수승하여
모든 여래로 하여금 다 환희케 하며
부처님이 머무신 바 지위에 빨리 당장 들어가며

행하는 바 청정한 서원이 다 만족하며
그리고 광대한 지혜의 창고를 얻으며
항상 능히 법을 설하여 중생을 제도하지만
마음에 의지하는 바도 없고 집착하는 바도 없으며

보살의 일체 바라밀을

다 잘 수행하여 이지러져 모자람이 없게 하며

생각하는 바 중생을 다 구원하여 제도하며

항상 부처님의 종성을 가져 하여금 끊어지지 않게 하며

하는 바가 견고하여 헛되지 아니하며

일체 공덕을 이루어 벗어남을 얻게 하겠습니까.

수승한 이[49]가 수행한 바와 같은

저 청정한 도를 원컨대 선설하세요.

疏

餘는 頌請後라 於中亦二니 前四는 頌所修行體라

나머지 게송은 뒤에 청한다고 한 것을 읊은 것이다.

그 가운데 또한 두 가지가 있나니

앞에 네 게송은 닦아 이룰 바 행의 자체[50]라고 한 것을 읊은 것이다.

---

49 원문에 승자勝者라 한 것은 법혜보살法慧菩薩이다.

50 원문에 소수행체所修行體는 앞(前)에서는 소성행체所成行體라 하였으니 영인
   본 화엄 6책, p.237, 6행이다.

経

永破一切無明暗하며 降伏衆魔及外道하며
所有垢穢悉滌除하며 得近如來大智慧하며

永離惡趣諸險難하며 淨治大智殊勝境하며
獲妙道力隣上尊하며 一切功德皆成就하며

證得如來最勝智하며 住於無量諸國土하며
隨衆生心而說法하며 及作廣大諸佛事하며

영원히 일체 무명의 어둠을 깨뜨리며
수많은 마군과 그리고 외도를 항복받으며
소유한 더러운 때를 다 씻어 제거하며
여래의 큰 지혜를 친근함을 얻으며

영원히 악취의 모든 험난을 떠나며
큰 지혜의 수승한 경계를 깨끗하게 다스리며
묘한 도의 힘을 얻어 상존上尊에게 이웃하며
일체 공덕을 다 성취하며

여래의 가장 수승한 지혜를 증득[51]하며

---

51 덕德은 소본에 득得 자로 되어 있다고 『잡화기』는 말하나 차본은 이미 교정되어

한량없는 모든 국토에 머물며
중생의 마음을 따라 법을 설하며
그리고 광대한 모든 불사를 지으며

疏

後五는 頌行所成德이라 於中亦二니 前三은 頌行所成因德이라

뒤에 다섯 게송은 행으로 이룰 바 공덕이라고[52] 한 것을 읊은 것이다.
그 가운데 또한 두 가지가 있나니
앞에 세 게송은 행으로 이룰 바 원인의 공덕이라고[53] 한 것을 읊은
것이다.

있다.

[52] 행으로 이룰 바 공덕이란, 행으로 이룰 바 공덕의 작용이니 영인본 화엄
6책, p.239, 6행이다.

[53] 행으로 이룰 바 원인의 공덕이란, 영인본 화엄 6책, p.239, 7행이다.

経

云何而得諸妙道하야 開演如來正法藏하며
常能受持諸佛法하야 無能超勝無與等하며

云何無畏如師子하며 所行淸淨如滿月하며
云何修習佛功德호대 猶如蓮華不著水닛가

어떻게 모든 묘한 도를 얻어
여래의 정법의 창고를 열어 연설하며
항상 능히 모든 불법을 받아 가져
능히 뛰어나 수승할 수도 없고 더불어 같을 수도 없으며

어떻게 두려움이 없는 것이 사자와 같으며
행하는 바가 청정한 것이 보름달과 같으며
어떻게 부처님의 공덕을 닦아 익히되
오히려 연꽃이 물에 묻지 않는 것과 같겠습니까.

疏

後二는 頌結因成果德이라

뒤에 두 게송은 원인을 맺어 과보를 이루는 공덕이라고 한 것을
읊은 것이다.

經

爾時에 法慧菩薩이 告精進慧菩薩言호대 善哉佛子야 汝今爲欲
多所饒益과 多所安樂과 多所惠利로 哀愍世間의 諸天及人하야
問於如是菩薩의 所修淸淨之行하나라

그때에 법혜보살이 정진혜보살에게 일러 말하기를 착합니다. 불자
여, 그대가 지금 다분히 요익케 하는 바와 다분히 안락케 하는
바와 다분히 은혜롭고 이익케 하고자 하는 바로 세간의 모든 하늘과
그리고 사람을 어여삐 여겨 이와 같은 보살의 닦을 바 청정한
행을 묻습니다.

疏

大文第二는 正說分이라 於中分二리니 先은 長行이요 後는 偈頌이
라 前中亦二니 先은 讚問許說이요 後는 正答所問이라 前中三이니
初는 讚所問利益이라

큰 문장 제 두 번째는 바로 설하는 분分이다.
그 가운데 두 가지로 나누리니
먼저는 장행문이요
뒤에는 게송문이다.
앞의 장행문 가운데 두 가지가 있나니
먼저는 물음을 찬탄하고 설하기를 허락한 것이요

뒤에는 물은 바를 바로 답한 것이다.

앞의 가운데 세 가지가 있나니

처음에는 물은 바의 이익을 찬탄한 것이다.

經

佛子야 汝住實法하야 發大精進하야 增長不退하야 已得解脫하
야 能作是問하니 同於如來하니라

불자여, 그대가 진실한 법에 머물러 큰 정진을 일으켜 증장하고
물러나지 아니하여 이미 해탈을 얻어 능히 이런 질문을 하니
여래와 같습니다.

疏

二에 佛子下는 讚能問具德이라

두 번째 불자라고 한 아래는 능히 묻는 이가 갖춘 공덕[54]을 찬탄한
것이다.

---

[54] 원문에 능문구덕能問具德이라고 한 것은 能問者인 정진혜보살精進慧菩薩이
구족한 공덕(혹 공덕을 구족한 것)을 말한다.

經

諦聽諦聽하야 善思念之니라 我今承佛威神之力하야 爲汝於中
에 說其少分하리라

자세히 듣고 자세히 들어 잘 생각하고 생각하세요.
내가 지금 부처님의 위신력을 받아 그대를 위하여 저 가운데 그
소분少分만을 설할 것입니다.

疏

三에 諦聽下는 誡聽許說이라

세 번째 자세히 들어라고 한 아래는 듣기를 경계하고 설하기를
허락한 것이다.

經

佛子야 菩薩摩訶薩이 已發一切智心인댄 應離癡暗하야 精勤守
護하야 無令放逸이어다

불자여, 보살마하살이 이미 일체 지혜의 마음을 일으켰다면 응당
어리석음의 어둠을 떠나 부지런한 정진으로 마음을 수호守護[55]하여
하여금 방일하지 않게 할 것입니다.

疏

第二는 正答이라 於中二니 先은 答所成行體요 後는 答行成德用이
라 前中에 答前十問을 卽爲十段하리니 今初段中에 有五十句하니
前二十句는 答前修習이요 後三十句는 答令佛歡喜라 前修習言
이 亦總亦別일새 今不放逸도 亦通總別이니 總則遍下十段이 皆由
不放逸成이요 別則屬於修習이라 在文分二리니 先은 牒前標後니
勤智守心하야 不犯塵境이 名不放逸이니 是修習相이요 不守根門
이 是名放逸이라

제 두 번째는 바로 답한 것이다.
그 가운데 두 가지가 있나니
먼저는 이룰 바 행의 자체를 답한 것이요

55 수호守護는 수심守心이다.

뒤에는 행으로 이루는 공덕의 작용을 답한 것이다.

앞의 가운데 앞에 열 가지 질문[56]에 답한 것을 곧 십단으로 하리니 지금의 초단初段 가운데 오십 구절이 있나니

앞에 이십 구절은 앞[57]에 닦아 익힌다고 한 것을 답한 것이요 뒤에 삼십 구절은 부처님으로 하여금 환희케 한다고 한 것을 답한 것이다.

앞에 닦아 익힌다고 한 말이 또한 총설이며 또한 별설이기에 지금에 방일하지 않는다고 한 것도 또한 총설과 별설에 통하나니,

총설은 곧 아래 십단에 두루하는 것이 다 방일하지 않는다고 한 것을 인유하여 이루어지는 것이요

별설은 곧 닦아 익힌다고 한 것에 속하는 것이다.

경문에 있어 두 가지로 나누리니

먼저는 앞에 말을 첩석하여 뒤에 말을 표한 것이니,

정근精勤과 지혜로 마음을 수호하여 육진의 경계를 범하지 않는 것이 이름이 방일하지 않는 것이니 이것이 닦아 익히는 모습이요 육근의 문門을 수호하지 않는 것이 이 이름이 방일이다.

鈔

不守根門이 名爲放逸은 卽瑜伽意니 前文曾引이라 此段文이 乃有三

義하니 初는 略釋名이요 二에 涅槃云下는 先彰所以요 三은 出其體業
이라

육근의 문을 지키지 않는 것이 이름이 방일이라고 한 것은 곧『유가
론』의 뜻이니
앞의 문장에서 일찍이 인용하였다.[58]
이 段단의 소문이 이에 세 가지 뜻이 있나니
처음에는 간략하게 이름[59]을 해석한 것이요
두 번째 『열반경』에 말하였다고 한 아래는 먼저 그 까닭을 밝힌[60]
것이요
세 번째는 그 자체와 업을 설출한 것이다.

疏

涅槃云호대 不放逸根은 深固難拔이라하니 因不放逸하야 一切善
根이 皆得增長일새 故首明之니라

『열반경』에 말하기를 불방일의 뿌리는 깊고 견고하여 뽑아내기
어렵다 하였으니,
불방일을 인하여 일체 선근이 다 증장함을 얻기에 그런 까닭으로

---

58 원문에 전문증인前文曾引이란, 동자권冬字卷 39장 上에 있다.
59 이름이란, 곧 불방일不放逸이다.
60 원문에 선창先彰은 앞뒤가 바뀌었다고 『잡화기』는 말하나 생각해 볼 것이다.

먼저 그 불방일을 밝힌 것이다.

二中은 卽涅槃二十四 高貴德王菩薩品十功德中第四에 十事利益
功德이라 於中一은 根深難拔이니 經自牒云호대 云何根深難拔고 所
言根者는 名不放逸이라 不放逸者는 爲是何根고 所謂阿耨多羅三
藐三菩提根이라 不放逸故로 諸餘善根을 展轉增長하고 以能增長諸
善根故로 最爲殊勝이라 善男子야 如諸跡中에 象跡爲上하며 如日之
光이 諸光中勝하며 亦如輪王이 諸王中勝하며 諸河之中에 四河最勝
하며 諸山之中에 須彌山勝하니라 善男子야 如水生華에 靑蓮華爲最
인달하야 不放逸法도 亦復如是하야 於諸善中에 爲最爲上하니라 善男
子야 如陸生華에 婆利師華가 爲最爲上인달하야 不放逸法도 亦復如
是하며 師子金翅와 羅睺大身과 乃至佛僧이 爲衆中最라하야 廣引喩
竟하고 結云호대 如是義故로 不放逸根은 深固難拔이라하니 卽其文
也니라

두 번째 가운데 『열반경』이라고 한 것은 곧 『열반경』 이십사권
고귀덕왕보살품 열 가지 공덕 가운데 제 네 번째 십사이익공덕十事利
益功德[61]이다.

---

61 십사이익공덕十事利益功德은 한글장경으로는 이십이권이다. 열반부 1, p.442,
  하단下段에 선남자야, 보살마하살이 대반열반경을 닦아서 넷째 공덕을 성취
  하여 구족함에 십사十事가 있다. 1. 뿌리가 깊어 뽑기 어렵다. 2. 자기의

그 가운데 첫 번째는 뿌리가 깊어 뽑아내기 어려운 것이니,

경에 스스로 첩석하여 말하기를 어떤 것이 뿌리가 깊어 뽑아내기 어려운 것인가.

말한 바 뿌리라고 한 것은 이름이 불방일이다.

불방일이라고 한 것은 무엇을 뿌리로 삼는가.

말하자면 아뇩다라삼먁삼보리를 뿌리로 삼는다.

방일하지 않는 까닭으로 모든 나머지 선근을 전전이 증장하고 능히 모든 선근을 증장하는 까닭으로 가장 수승함이 되는 것이다.

선남자[62]야, 마치 모든 자취 가운데 코끼리 자취가 최상이 되는 것과 같으며,

마치 태양의 광명이 모든 광명 가운데 가장 수승함이 되는 것과 같으며,

또한 마치 전륜왕이 모든 왕 가운데 가장 수승함이 되는 것과 같으며,

마치 모든 내(河) 가운데 사하四河가 가장 수승하며,

모든 산 가운데 수미산이 가장 수승한 것과 같다.

선남자야, 마치 물 가운데 꽃이 핌에 청련화가 가장 수승함이 되는

몸에 결정한 생각을 낸다. 3. 복밭인지 복밭이 아닌지를 보지 않는다. 4. 부처님 국토를 깨끗이 닦는다. 5. 다른 나머지를 없앤다. 6. 업인業因을 끊는다. 7. 청정한 몸을 닦는다. 8. 모든 인연을 안다. 9. 원수를 떠난다. 10. 이변二邊을 끊는다 하였다.

62 여기서 선남자善男子는 광명변조 고귀덕왕보살을 말한다. 곧 부처님이 고귀덕 왕보살에게 말하는 것이다.

것과 같아서, 불방일의 법도 또한 다시 이와 같아서 모든 선법 가운데 최상이 되는 것이다.

선남자야, 마치 육지에 꽃이 핌에 바리사화[63]가 최상이 되는 것과 같아서, 불방일의 법도 또한 다시 이와 같으며

사자獅子와[64] 금시조와 라후羅睺 아수라의 큰 몸과 내지 부처님과 스님이 대중 가운데 가장 수승함이 되는 것과 같다 하여, 폭넓게 비유를 인용하여 마치고 맺어서 말하기를 이와 같은 뜻인 까닭으로 불방일의 뿌리는 깊고 견고[65]하여 뽑아내기 어렵다 하였으니 곧 그 문장이다.

疏

卽精進三根이니 於所斷修에 防非爲性하고 對治放逸하야 成滿一切世出世間의 善事爲業이라

곧 정진과 삼선근[66]이니 끊고 수행하는 바에 그른[67] 것을 막는 것으로

---

63 바리사화婆利師華는 바라사수波羅奢樹 꽃인 듯하다. 적화수赤花樹라 번역한다. 꽃이 붉고 크다.

64 사자獅子라고 한 아래는 의인意引이다. 具云하면 선남자야, 모든 짐승 가운데는 사자가 가장 수승함이 되는 것과 같이 불방일의 법도 云云. 선남자야, 나는 새 가운데는 금시조가 云云. 선남자야, 큰 몸 가운데는 라후羅睺 아수라가 가장 수승함이 되는 것과 같이 불방일의 법도 云云하였다.

65 고故 자는 본경에 고固 자로 되어 있다고 『잡화기』는 말하나 이미 교정되어 있다.

자체성을 삼고 방일을 대치하여 일체 세간과 출세간에 선근의 일을 성만하는 것으로 업을 삼는다.

鈔

卽精進三根下는 第二에 出體業이라 卽唯識第六에 釋曰호대 謂依精進과 及無貪等의 三種善根이니 此之四法이 於所斷惡에 防令不起하고 於所修善에 修令增長이라 體是四法이나 約別功能하야 而假建立하야 名不放逸이니 非別有體니라

곧 정진과 삼선근이라고 한 아래는 제 세 번째 그 자체와 업을 설출한 것이다.

곧 『유식론』 제육권에 해석하여 말하기를 말하자면 정진과 그리고 무탐 등[68] 세 가지 선근을 의지하는 것이니,

이 네 가지 법[69]이 끊을 바 악법에 막아 하여금 일어나지 않게 하고 닦을 바 선법에 따라 하여금 증장케 하는 것이다.

자체는 이에 사법이지만 따로 공능을 잡아 거짓으로 건립하여 이름을 불방이라 한 것이니 따로 자체가 있는 것은 아니다 하였다.

---

66 삼선근三善根은 무탐無貪·무진無嗔·무치無痴이다.

67 원문에 非는 유식본소唯識本疏엔 修 자다.

68 등等이란, 무진無嗔·무치無痴이다.

69 원문에 사법四法이란, 정진과 삼선근이다.

佛子야 菩薩摩訶薩이 住十種法을 名不放逸이니 何者爲十고 一
者는 護持衆戒요 二者는 遠離愚癡하야 淨菩提心이요 三者는 心
樂質直하야 離諸諂誑이요 四者는 勤修善根하야 無有退轉이요
五者는 恒善思惟自所發心이요 六者는 不樂親近在家出家의 一
切凡夫요 七者는 修諸善業이나 而不願求出世間果報요 八者는
永離二乘하야 行菩薩道요 九者는 樂修衆善하야 令不斷絕이요
十者는 恒善觀察自相續力이니라 佛子야 若諸菩薩이 行此十法
인댄 是則名爲住不放逸이리라

불자여, 보살마하살이 열 가지 법에 머무는 것을 불방일이라 이름
하나니
어떤 것이 열 가지가 되는가.
첫 번째는 수많은 계를 호지하는 것이요
두 번째는 어리석음을 멀리 떠나 보리심을 깨끗하게 하는 것이요
세 번째는 마음이 질박하고 곧은 것을 좋아하여 모든 아첨과 속임을
떠나는 것이요
네 번째는 부지런히 선근을 닦아 물러나지 않는 것이요
다섯 번째는 항상 스스로 발심한 바를 잘 사유하는 것이요
여섯 번째는 재가 사람이나 출가 사람이나 일체 범부를 친근하기를
좋아하지 않는 것이요
일곱 번째는 모든 선업을 닦지만 그러나 출세간에 과보 구하기를

원하지 않는 것이요

여덟 번째는 영원히 이승을 떠나 보살의 도를 행하는 것이요

아홉 번째는 수많은 선법을 즐겁게 닦아 하여금 끊어지지 않게 하는 것이요

열 번째는 항상 스스로 상속하는 힘을 잘 관찰하는 것입니다.

불자여, 만약 모든 보살이 이 열 가지 법을 실행한다면 이것을 곧 이름하여 불방일에 머문다 할 것입니다.

疏

二에 別辨中에 有二十句하니 前十은 始修요 後十은 終成이라 今初 有四하니 一은 總標요 二는 徵數요 三은 別列이요 四는 總結이니 他皆倣此니라 列中一은 對治破戒放逸이니 三聚非一일새 故名爲 衆이며 卽三德三身之因일새 故首明也니라 寧捨身命이언정 不犯 小罪일새 故名護持라 二는 離癡智顯일새 故菩提心淨이라 三四는 可知라 五는 恐負自心일새 故思本發이라 六은 遠離惡緣이라 七은 修善無住라 八은 離小行大니 寧起疥癩野干之心이언정 不起二 乘之心이니 難反復故니라 九는 積善無替라 十은 亦愛亦策이니 不令過分하야 使不相續하며 若不續者인댄 當令相續일새 故須觀 察이라

두 번째 따로 분별하는 가운데 이십 구절이 있나니

앞에 열 구절은 처음 수행하는 것이요

뒤에 열 구절은 마침내 이루는 것이다.
지금은 처음으로 네 가지가 있나니
첫 번째는 한꺼번에 표한 것[70]이요
두 번째는 그 수를 묻는 것[71]이요
세 번째는 따로 열거한 것[72]이요
네 번째는 모두 맺는 것[73]이니,
다른 곳에서도 다 이것을 본받을 것이다.

따로 열거한 가운데 첫 번째는 파계하고 방일하는 것을 대치한 것이니,
삼취정계가 하나가 아니기에 그런 까닭으로 이름을 수많은 계라 하였으며,
곧 삼덕과 삼신의 원인이기에 그런 까닭으로 먼저 밝힌[74] 것이다.
차라리 신명을 버릴지언정 작은 죄도 범하려 하지 않기에 그런 까닭으로 이름을 호지라 하는 것이다.
두 번째는 어리석음을 떠나면 지혜가 나타나기에 그런 까닭으로 보리심을 청정하게 하는 것이다.
세 번째와 네 번째는 가히 알 수가 있을 것이다.

---

70 원문에 총표總標는 주십종법住十種法을 명불방일名不放逸이라 한 것이다.
71 원문에 징수徵數는 하자위십何者爲十이라 한 것이다.
72 원문에 別列은 一者 이하로 第十까지이다.
73 원문에 총결總結은 불자약보살佛子若菩薩 이하다.
74 먼저 밝혔다고 한 것은 계戒를 먼저 밝혔다는 것이다.

다섯 번째는 스스로 발심한 것을 저버릴까 염려하기에 그런 까닭으로 근본 발심을 사유하는 것이다.

여섯 번째는 악한 인연을 멀리 떠나는 것이다.

일곱 번째는 선업을 닦지만 머물지 않는 것이다.

여덟 번째는 소승을 버리고 대승을 행하는 것이니, 차라리 병든 여우의 마음을 일으킬지언정 이승의 마음을 일으키지 말아야 할 것이니 돌이키기 어려운 까닭이다.

아홉 번째는 선법을 쌓아 사라짐[75]이 없게 하는 것이다.

열 번째는 또한 좋아하고 또한 채찍질하는 것이니, 하여금 과분하게 하여 하여금 상속하지 않게 하지 말며, 만약 상속하지 않는다면[76] 마땅히 하여금 상속케 해야 할 것이기에 그런 까닭으로 반드시 관찰해야 하는 것이다.

鈔

寧起疥癩下는 卽薩遮尼犍子經이요 難反復故는 卽淨名文이니 彼第二經云호대 凡夫는 於佛法에 有反復이나 而聲聞無也니라

---

75 替는 '멸할 체, 폐할 체' 자이다.

76 또한 좋아하고 또한 채찍질하는 것이라고 한 것은 지나치면 곧 좋아하는 것이 손해되어 바야흐로 능히 상속하는 것이니, 만약 그 나아감이 날랜(빠른) 사람은 그 물러나는 것도 빠른 까닭이다. 미치지 못하면 곧 채찍을 더하여 하여금 상속함을 얻게 하는 것이다. 하여금 과분하게 하여 운운한 두 구절은 좋아하는 것을 해석하고, 만약 상속하지 않는다면 운운한 두 구절은 채찍함을 해석한 것이다. 역시 『잡화기』의 말이다.

차라리 병든 여우의 마음을 일으킨다고 한 아래는 곧 『살차니건자경』의 말이요

돌이키기 어려운 까닭이라고 한 것은 곧 『정명경』의 글이니,

저 『정명경』 제 두 번째 경에 말하기를 범부는 불법에 돌이킬 수 있지만 그러나 성문은 돌이킬 수 없다 하였다.

經

佛子야 菩薩摩訶薩이 住不放逸하면 得十種淸淨하나니 何者爲
十고 一者는 如說而行이요 二者는 念智成就요 三者는 住於深定
하야 不沈不擧요 四者는 樂求佛法하야 無有懈息이요 五者는 隨
所聞法하야 如理觀察하야 具足出生巧妙智慧요 六者는 入深禪
定하야 得佛神通이요 七者는 其心平等하야 無有高下요 八者는
於諸衆生의 上中下類에 心無障礙가 猶如大地하야 等作利益이
요 九者는 若見衆生이 乃至一發菩提之心인댄 尊重承事를 猶如
和尙이요 十者는 於授戒和尙과 及阿闍梨와 一切菩薩과 諸善知
識과 法師之所에 常生尊重하야 承事供養이니라 佛子야 是名菩
薩이 住不放逸하는 十種淸淨이니라

불자여, 보살마하살이 불방일에 머물면 열 가지 청정함을 얻나니
어떤 것이 열 가지가 되는가.
첫 번째는 말과 같이 행하는 것이요
두 번째는 생각과 지혜[77]가 성취하는 것이요
세 번째는 깊은 삼매에 머물러 혼침하지도 않고 도거하지도 않는
것이요
네 번째는 불법을 구하기를 좋아하여 게으르지 않는 것이요
다섯 번째는 들은 바 진리를 따라 진리와 같이 관찰하여 교묘한

---

77 염송은 불망념不忘念이고, 지智는 불망지不忘智이다. 곧 생각과 지혜가 그
무엇을 이루는 것이라는 뜻이다.

지혜를 구족하게 출생하는 것이요

여섯 번째는 깊은 선정에 들어가 부처님의 신통을 얻는 것이요

일곱 번째는 그 마음이 평등하여 높고 낮음이 없는 것이요

여덟 번째는 모든 중생의 상·중·하 유형에 마음이 장애가 없는 것이 비유하자면 대지와 같아서 평등하게 이익을 짓는 것이요

아홉 번째는 만약 중생이 내지 한 번이라도 보리의 마음을 일으킨 사람을 본다면 존중하고 받들어 섬기기를 비유하자면 화상과 같이 할 것이요

열 번째는 계를 주는 화상과 그리고 아사리와 일체 모든 보살과 모든 선지식과 법사의 처소에 항상 존중하는 마음을 내어 받들어 섬기고 공양하는 것입니다.

불자여, 이것이 보살이 불방일에 머무는 열 가지 청정한 것입니다.

疏

二에 終成十中에 一은 行淸淨이니 由不放逸하야 得無違敎失일새 故名淸淨이라 二는 念智淸淨이니 念則明記요 智則決斷이라 念有智故로 念卽無念이요 智有念故로 常得現前이니 此二相資일새 故名成就니라 三은 等持淸淨이니 不沈不掉일새 故名爲等이라 然此沈掉가 乃含多意니 如始學者가 不昏沈不惡作도 亦名爲等이나 未是深定이어니와 今稱性寂然일새 故能不掉하고 智照不昧일새 所以不沈하나니 如此深定은 非深非淺이라 四는 勤聞淸淨이라 五는 思修淸淨이라 六은 等引淸淨이라 七은 妙慧淸淨이니 稱理平等

故라 八은 攝受淸淨이니 等利益故라 如大地者는 勝鬘云호대 譬如
大地가 負四重擔하나니 一者는 大海요 二者는 諸山이오 三者는
草木이오 四者는 衆生이라하니라 菩薩大地가 荷負四種重任者는
謂離善知識하야 無聞非法衆生을 以人天善根으로 而成熟之하며
及三乘人을 隨機遍攝이 名等作利益이라 九는 同行淸淨이니 謂如
彌伽가 讚敬善財라 十은 承事淸淨이니 離經心故라

두 번째 마침내 이루는 열 가지 가운데 첫 번째는 행이 청정한
것이니
불방일을 인유하여 위배되는 가르침에 허물이 없음을 얻기에 그런
까닭으로 청정이라 이름하는 것이다.
두 번째는 생각과 지혜가 청정한 것이니
생각이라고 하는 것은 곧 분명하게 기억하는 것이요
지혜라고 하는 것은 곧 결단하는 것이다.
생각에 지혜가 있는 까닭으로 생각이 곧 생각이 없는 것이요,
지혜에 생각이 있는 까닭으로 항상 현전함을 얻는 것이니
이 두 가지가 서로 도우기에 그런 까닭으로 성취라 이름하는 것이다.
세 번째는 삼매(等持)가 청정한 것이니
혼침하지도 않고 도거하지도 않기에 그런 까닭으로 이름을 삼매라
하는 것이다.
그러나 이 혼침과 도거가 이에 수많은 뜻을 포함하고 있나니,
처음 배우는 사람이 혼침하지 않고 악작惡作[78]하지 않는[79] 것과 같은
것도 또한 이름을 삼매라 하지만 이것은 깊은 삼매가 아니거니와,

지금에는 자성에 칭합하여 고요하기에 그런 까닭으로 능히 도거하지
않고, 지혜의 비춤이 매하지 않기에 그런 까닭으로 혼침하지 않나니
이와 같은 깊은 삼매는 깊은 것도 아니고 얕은 것도 아니다.

네 번째는 부지런히 듣는 것[80]이 청정한 것이다.

다섯 번째는 생각하고 닦는 것[81]이 청정한 것이다.

여섯 번째는 삼매[82]로 인도하는[83] 것이 청정한 것이다.

---

78 악작惡作은 도거掉擧니 掉擧故로 악작惡作을 생기生起하는 것이다.

79 악작惡作하지 않는다고 한 것은 오개五蓋 가운데 도거掉擧와 악작惡作을 합하여
일개一蓋를 삼아 도회掉悔라 말하나니, 그런 까닭으로 이 도거로써 악작을
삼는 것이다. 그런 까닭으로 『구사론』이십일권에 오개五蓋 가운데 도회를
해석하여 말하기를 도거와 악작이 능히 삼매를 장애하는 까닭이다 하고,
『유가론』십일권에 말하기를 도거라고 한 것은 말하자면 친속 등 국가를
인하여 심구하고 사찰(尋伺)하며 혹은 옛날에 지나온 바 웃는 등의 일을
추억하여 마음에 시끄러움을 내는 것으로 자성을 삼는다. 악작이라고 한
것은 말하자면 친속 등을 심구하고 사찰함을 인한 까닭으로 마음에 뒤따라
후회함을 내어 내가 무슨 인연으로 친속을 이별하며 이와 같은 국토를 버리고
여기에 와서 이르는가 말하며, 혹은 웃는 등의 일을 추억함을 인한 까닭으로
곧 한탄하는 후회를 내어 내가 무슨 인연으로 희락의 둥근 기구로 서로
유희하는 등의 시절에 종친과 붕우의 즐거워하는 뜻을 위배하고 그들로
하여금 비련悲戀케 하는가 말하니, 앞에 도거가 이 악작으로 더불어 처소가
같음을 인유한 까닭으로 합하여 일개一蓋라 말하니 이에 알아라. 도거와
악작의 처소가 같으며 함께 능히 삼매를 장애하는 것이다. 이상은 『잡화기』의
말이다.

80 부지런히 듣는다고 한 것은 三慧 가운데 聞慧이다.

81 생각하고 닦는다고 한 것은 三慧 가운데 思·修 二慧이다.

82 等은 등지等持니 선정禪定이다. 경문經文에 입심선정入深禪定이라 하였다.

일곱 번째는 묘한 지혜가 청정한 것이니
진리에 칭합하여 평등한 까닭이다.
여덟 번째는 섭수하는 것이 청정한 것이니
평등하게 이익케 하는 까닭이다.

대지와 같다고 한 것은 『승만경勝鬘經』[84]에 말하기를 비유하자면
대지가 네 가지 무거운 짐을 진 것과 같나니
첫 번째는 큰 바다요,
두 번째는 모든 산이요,
세 번째는 풀과 나무요,
네 번째는 중생이다 하였다.

보살의 대지가 네 가지 무거운 소임[85]을 짊어진 것은 말하자면 선지식
을 떠나 들은 적이 없는 법답지 않는 중생을 인간과 천상의 선근으로
써 성숙케 하며,
그리고 삼승의 사람을 근기를 따라 두루 섭수하는 것이 이름이
평등하게 이익을 짓는 것이다.
아홉 번째는 똑같이 행하는 것[86]이 청정한 것이니,

---

83 삼매로 인도한다고 한 것은 율자권 하권 37장, 상, 2행을 볼 것이다. 역시
   『잡화기』의 말이다.
84 『승만경勝鬘經』은 『승만사자후일승대방편방광경勝鬘獅子吼一乘大方便方廣經』
   이니 此經 섭수장攝受章 제사第四에 있다.
85 원문에 사종중임四種重任은 인천人天과 삼승三乘이다.

말하자면 미가장자가 선재동자를 찬탄하고 공경한 것과 같다
열 번째는 받들어 섬기는 것이 청정한 것이니
가볍게 여기는 마음을 떠난[87] 까닭이다.

鈔

謂離善知識下는 合上四種重任이라 此는 合大海最深이니 重難持故
요 諸山은 喩菩薩十地니 十地如十山故요 草木은 喩緣覺獨善이니
不從師故요 衆生은 喩聲聞이니 有師屬故라

말하자면 선지식을 떠났다고 한 아래는 위에 네 가지 무거운 소임을
법합한 것이다.
이 선지식은 큰 바다의 가장 깊은 데 법합한 것이니
무거워서 부지하기 어려운 까닭이요
모든 산이라고 한 것은 보살의 십지에 비유한 것이니
십지는 십산十山과 같은 까닭이요
풀과 나무라고 한 것은 연각의 독선獨善에 비유한 것이니
스승을 좇지 않는 까닭이요
중생이라고 한 것은 성문에 비유한 것이니
스승에 예속됨이 있는 까닭이다.

---

86 원문에 동행同行은 발심자發心者를 존중 승사하기를 화상과 같이 한다는
   것이다.
87 경리輕離라는 두 글자는 앞뒤가 바뀌었다. 이미 차본에는 교정되어 있다.

經

佛子야 菩薩摩訶薩이 住不放逸하야 發大精進하며 起於正念하
며 生勝欲樂하며 所行不息하며 於一切法에 心無依處하며 於甚
深法에 能勤修習하며 入無諍門하며 增廣大心하며 佛法無邊을
能順了知하며 令諸如來로 皆悉歡喜케하니라

불자여, 보살마하살이 이 불방일에 머물러 큰 정진을 일으키며
바른 생각을 일으키며

수승한 욕락을 내며

행하는 바가 쉬지 아니하며

일체법에 마음이 의지할 곳이 없으며

깊고 깊은 법에 능히 부지런히 닦아 익히며

다툼이 없는 문에 들어가며

광대한 마음을 증장하며

불법이 끝이 없음을 능히 수순하여 알며

모든 여래로 하여금 다 환희케 합니다.

疏

次에 答令佛喜에 有三十句하니 初十은 結前生後요 次十은 正成
行相이요 後十은 純熟究竟이라 今初니 此卽牒前十種淸淨하야 如
次配屬이니 前八可知라 九는 攝二句니 以菩提心으로 佛法無邊을
誓願知故며 旣敬此心하고 及事於師일새 故能順了니라 上九는 結

前이요 第十은 生後니 故令佛喜라하나라

다음에는 부처님으로 하여금 환희케 함을 답함에 삼십 구절이 있나니
처음에 열 구절은 앞에 말을 맺고 뒤에 말을 일으키는 것이요
다음에 열 구절은 바로 행의 모습을 이루는 것이요
뒤에 열 구절은 순숙한 것이 구경究竟이다.
지금은 처음으로 이것은 곧 앞에 열 가지 청정을 첩석하여 차례와
같이 배속한 것이니
앞에 여덟 구절은 가히 알 수가 있을 것이다.
아홉 번째는 두 구절을 섭수[88]하였으니
보리심으로써 불법이 끝이 없음을 알기를 서원하는 까닭이며
이미 이 마음을 공경하고 그리고 스승을 섬겼기에 그런 까닭으로
능히 수순하여 아는 것이다.
위에 아홉 구절은 앞의 말을 맺는 것이요
제 열 번째 구절은 뒤에 말을 일으키는 것이니
그런 까닭으로 부처님으로 하여금 환희케 한다 하였다.

---

88 원문에 섭이구攝二句란, 一句는 이보리심以菩提心으로 서원지고誓願知故이고,
   二句는 기경차심旣敬此心 이하이다.

經

佛子야 菩薩摩訶薩이 復有十法하야 能令一切諸佛로 歡喜케하
나니 何等爲十고 一者는 精進不退요 二者는 不惜身命이요 三者
는 於諸利養에 無有希求요 四者는 知一切法이 皆如虛空이요
五者는 善能觀察하야 普入法界요 六者는 知諸法印이나 心無倚
著이요 七者는 常發大願이요 八者는 成就淸淨한 忍智光明이요
九者는 觀自善法이나 心無增減이요 十者는 依無作門하야 修諸
淨行이라 佛子야 是爲菩薩이 住十種法하야 能令一切如來로 歡
喜케하니라

불자여, 보살마하살이 다시 열 가지 법이 있어서 능히 일체 모든
부처님으로 하여금 환희케 하나니
어떤 등이 열 가지가 되는가.
첫 번째는 정진을 물러나지 않고 하는 것이요
두 번째는 몸과 목숨을 아끼지 않는 것이요
세 번째는 모든 이양에 희구하는 바가 없는 것이요
네 번째는 일체법이 다 허공과 같은 줄 아는 것이요
다섯 번째는 잘 능히 관찰하여 널리 법계에 들어가는 것이요
여섯 번째는 모든 법인을 알지만 마음에 의지하거나 집착함이
없는 것이요
일곱 번째는 항상 큰 서원을 일으키는 것이요
여덟 번째는 청정한 법인의 지혜 광명을 성취하는 것이요

아홉 번째는 스스로 선한 법을 관찰하지만 마음에 증감이 없는
것이요

열 번째는 조작이 없는 법문을 의지하여 모든 청정한 행을 닦는
것입니다.

불자여, 이것이 보살이 열 가지 법에 머물러 능히 일체 여래로
하여금 환희케 하는 것입니다.

疏

次十은 正成行相者는 前엔 明卽前修習일새 故令佛喜요 今엔 更
別明이라 於中一은 勤而不退일새 成上精進이요 二는 內不惜身일
새 正念方成이요 三은 外絶異求일새 故唯有勝進이요 四는 加行觀
空일새 方能不息이요 五는 正證入理일새 故無所依라

다음에 열 구절은 바로 행의 모습을 이룬다고 한 것은 앞에서는
곧 앞에 닦아 익힌다고 한 것을 밝혔기에 그런 까닭으로 부처님으로
하여금 환희케 한다는 것이요

지금에는 환희케 함을 다시 따로 밝힌[89] 것이다.

그 가운데 첫 번째는 부지런히 정진하여 물러나지 않았기에 위[90]에
정진을 이루는 것이요

두 번째는 안으로 몸을 아끼지 않았기에 바른 생각[91]을 바야흐로

---

89 원문에 별명別明은 영불환희令佛歡喜를 따로 밝힌다는 것이다.
90 위란, 영인본 화엄 6책, p.255, 1행, 제일구第一句이다.

이루는 것이요

세 번째는 밖으로 달리 구하는 것을 끊었기에 그런 까닭으로 오직 승진만 있을 뿐이요

네 번째는 가행정진으로 공을 관찰하였기에 바야흐로 능히 쉬지 않는 것이요

다섯 번째는 바로 증득하여 진리에 들어갔기에 그런 까닭으로 의지하는 바가 없는 것이다.

疏

六은 窮得法印일새 方順深法이라 法印多種이니 或五或四며 或三或一이니 但廣略之異耳니라 言五印者는 卽五非常觀이니 謂無常苦空과 無我寂靜이라 言四印者는 合空하야 入於無我니 空卽我所故라 或名優陀那니 菩薩藏經第二中엔 名法鄔陀南이라하니라 鄔陀南者는 此名標相이니 涅槃寂靜은 是無爲法標相이라 印卽決定義니 如說有爲는 決定無常이라 善戒第七과 地持第八과 瑜伽四十六에 廣有分別하니라 言三印者는 四中合苦하야 入於無常하며 或除涅槃寂靜이니 有爲印故니라 今以諸印으로 印於一切에 亦無能印일새 故云不著이라하니 則入唯一實相印矣니라

여섯 번째는 법인을 궁구하여 얻었기에 바야흐로 깊은 법에 순하는

---

91 원문에 정념正念이란, 영인본 화엄 6책, p.255, 1행이니 此下도 이것을 기준하여 볼 것이다.

것이다.

법인이라고 한 것은 많은 종류가 있나니

혹은 오법인이며 혹은 사법인이며 혹은 삼법인이며 혹은 일법인이니,

다만 광설하고 약설한 것이 다를 뿐이다.

오법인이라고 말한 것은 다섯 가지가 영원하지 아니함을 관찰하는

것이니,

말하자면 무상과 고와 공과 무아와 적정이다.

사법인이라고 말한 것은 공을 합하여 무아에 섭입한 것이니

공이 곧 아我의 처소[92]인 까닭이다.

혹은 이름을 우타나[93]라 하나니

『보살장경』 제이권 가운데는 이름을 법오타남이라 하였다.

오타남라고 한 것은 여기서는 표상標相이라 이름하나니

열반적정은 이 무위법의 표상이다.

인印이라고 한 것은 곧 결정의 뜻이니,

말한 것과 같이 유위법은 결정코 무상한 것이다.

『선계경』 제칠권과 『지지론地持論』 제팔권과 『유가론』 사십육권에

널리 분별한 것이 있다.

삼법인이라고 말한 것은 사법인 가운데 고苦를 합하여 무상에 섭입하

며 혹은 열반적정을 제외하나니 유위인[94]인 까닭이다.

---

92 공이 곧 아我의 처소라고 한 것은, 그 뜻에 말하기를 공이라고 한 것은
　　그 아我의 처소가 공한 것을 말하는 것이다. 역시 『잡화기』의 말이다.
93 우타나라고 한 것은, 이것은 오타남鄔陀南의 옛날 말이니 치자권致字卷, 상권
　　27장, 하를 볼 것이다. 역시 『잡화기』의 말이다.

지금에는 모든 법인으로써 일체법을 찍음에 또한 능이 찍는 법인도 없기에 그런 까닭으로 말하기를 마음에 집착함이 없다 하였으니 곧 유일한 실상인實相印에 들어가는 것이다.

鈔

言五印者는 卽同淨名迦旃延章에 五非常觀이라 然이나 前四非常이니 卽是有爲요 寂靜爲涅槃이니 卽是無爲니 攝爲無爲盡이라 又前四俗諦요 後一眞諦라 言四印者下는 卽莊嚴論第十一에 名四法印이라하니라 論云호대 四法印者는 一者는 一切行無常印이요 二者는 一切行苦印이요 三者는 一切法無我印이요 四者는 涅槃寂滅印이라하니라 所以知하라 合空入於無我者는 論云호대 此中에 應知無常印과 及苦印은 爲成無願三昧依止요 無我印은 爲成空三昧依止요 寂滅印은 爲成無相三昧依止니 說此法印은 爲三三昧依止故라하니라 或名優陀那者는 卽地持第八에 亦名優檀那라하니라 論云호대 有四優檀那하니 諸佛菩薩이 爲令衆生으로 得淸淨故니라 故說爲四하니 云何爲四고 一切行無常과 一切行苦와 一切法無我와 涅槃寂滅이라 諸佛菩薩이 具足此法하고 復以此法으로 傳授衆生이 是名優檀那며 過去寂滅한 諸牟尼尊이 展轉相傳이 是名優檀那라하니라

오법인이라고 말한 것이라 한 것은 곧 『정명경』 가전연장에 다섯

---

94 원문에 유위인有爲印이라고 한 것은, 말하자면 적정인외寂靜印外에 삼인三印은 유위인有爲印이라는 것이다.

가지가 영원하지 아니함을 관찰한다고 한 것과 같다.

그러나 앞에 사법인은 영원하지 않는 것이니 곧 이것은 유위법이요

적정은 열반이 되나니 곧 이것은 무위법이니,

유위와 무위를 섭수하여 다한 것이다.

또 앞에 사법인은 속제요,

뒤에 한 법인은 진제이다.

사법이라고 말한 것이라 한 아래는 곧『장엄론』제십일권[95]에서

이름을 사법인이라 하였다.

논에 말하기를 사법인이라고 한 것은 첫 번째는 일체 행이 무상이라

는 법인이요

두 번째는 일체행이 고라는 법인이요

세 번째는 일체법이 무아라는 법인이요

네 번째는 적멸을 받는다는 법인이라 하였다.

그런 까닭으로 알아라. 공을 합하여 무아에 섭입한다고 한 것은

논에 말하기를 이 가운데 응당 무상이라는 법인과 그리고 고라는

법인은 무원삼매의 의지를 성립함이 되고

무아라는 법인은 공삼매의 의지를 성립함이 되고

적멸이라는 법인은 무상삼매를 성립함이 되는 줄 알아야 할 것이니,

---

95 『장엄론莊嚴論』제십일권은『대승장엄경론大乘莊嚴經論』13권, 각분품覺分品

　　제십일권의 一卷에 있다.『장엄론莊嚴論』은 무착無着이 지었다.

이 법인을 설한 것은 세 가지 삼매[96]에 의지가 되는 까닭이다 하였다.

혹은 이름을 우타나라 한다고 한 것은 곧 『지지론』[97] 제팔권에 또한 이름을 우단나라 하였다.

논에 말하기를 네 가지 우단나가 있나니

모든 부처님과 보살이 중생으로 하여금 청정함을 얻게 하는 까닭이다.

그런 까닭으로 말하기를 네 가지가 되나니

어떤 것이 네 가지가 되는가.

일체행이 무상한 것과 일체행이 고인 것과 일체법이 무아인 것과 열반이 적정인 것이다.

모든 부처님과 보살이 이 법을 구족하고 다시 이 법으로써 중생에게 전수하는 것이 이것이 이름이 우단나며, 과거에 적멸에 드신 모든 모니존이 전전히 서로 전하는 것이 이것이 이름이 우단나라 하였다.

菩薩藏經等者는 亦卽大寶積第三十六의 菩薩藏會인 第十의 二卷末에 卽試驗菩薩品이라 經云호대 舍利子야 諸佛世尊이 具大智力하야 總攝諸法하야 安處四種鄔陀南中하시니 何等爲四고 所謂一切行無常과 一切行苦와 一切法無我와 涅槃寂滅이라 舍利子야 所演一切行無常者는 如來가 爲諸常想衆生하사 斷常想故요 所演一切行苦

法者는 如來가 爲諸樂想衆生하사 斷樂想故요 所演一切無我法者는
如來가 爲諸我想衆生하사 斷我想故요 所演寂滅涅槃法者는 如來가
爲諸住有所得하는 顚倒衆生하사 斷有所得顚倒心故니라 舍利子야
是諸菩薩이 若聞如來가 說一切行이 爲無常者인댄 則能善入畢竟
無常하며 若有聞說一切行苦인댄 則能興起厭離願心하며 若聞說諸
法無我인댄 則能修習空三摩地의 妙解脫門하며 若有聞說寂滅涅槃
인댄 則能修習無相三摩地하야 而不非時趣入眞際리라 如是舍利子
야 若諸菩薩摩訶薩이 能善修習如是法者인댄 終不退失一切善法
하고 速能圓滿一切佛法이라하니라 鄔陀南者는 此云標相者는 釋經
也라 言涅槃寂靜은 是無爲法標相者는 略擧니 亦應云호대 無常은
是有爲法標相이요 苦는 是有漏法標相이요 無我는 是諸法標相이라
하리라 亦有說호대 言鄔陀南者는 應言說也니 佛常說故라 義當無問
自說經이라하니라 印卽決定義者는 諸有漏法은 決定是苦요 一切法
은 決定無我요 無爲法은 決定寂靜이라

『보살장경』[98] 등이라고 한 것은 또한 곧 『대보적경』 제삼십육권
보살장회인 제십회 중 제이권 말에 곧 시험보살품이다.
경에 말하기를 사리자야, 모든 부처님 세존이 큰 지혜의 힘을 구족하
여 모든 법을 다 섭수하여 네 가지 오타남鄔陀南 가운데 편안히
거처하시나니

---

98 『보살장경菩薩藏經』은 『대보적경大寶積經』 제삼십육권 보살장회菩薩藏會인
　 제십회第十會 중에 제이권第二卷 말末에 있다. 제십회第十會 보살장회菩薩藏會
　 에 여러 권이 있으되 그중에 제이권第二卷이라는 것이다.

어떤 등이 네 가지가 되는가.

말하자면 일체행이 무상한 것과 일체행이 고인 것과 일체법이 무아인 것과 열반이 적정인 것이다.

사리자야, 연설한 바 일체행이 무상하다고 한 것은 여래가 모든 것이 영원하다고 생각하는 중생을 위하여 영원하다는 생각을 끊게 하는 까닭이요

연설한 바 일체행이 고법이라고 한 것은 여래가 모든 것이 즐겁다고 생각하는 중생을 위하여 즐겁다는 생각을 끊게 하는 까닭이요

연설한 바 일체법이 무아의 법이라고 한 것은 여래가 모든 것이 아我라고 생각하는 중생을 위하여 아라는 생각을 끊게 하는 까닭이요

연설한 바 적정이 열반의 법이라고 한 것은 여래가 모든 얻을 바가 있다고 함에 머무는 전도된 중생을 위하여 얻을 바가 있다는 전도된 마음을 끊게 하는 까닭이다.

사리자야, 이 모든 보살이 만약 여래가 일체행[99]이 무상하다고 설함을 듣는다면 곧 능히 필경에 무상한 데 잘 들어갈 것이며

만약 일체행이 고라고 설함을 들음이 있다면 곧 능히 싫어하여 떠나려고 서원하는 마음을 일으킬 것이며

만약 모든 법이 무아라고 설함을 듣는다면 곧 능히 공 삼마지의 묘한 해탈문을 닦아 익힐 것이며

만약 적멸이 열반이라고 설함을 들음이 있다면 곧 능히 무상 삼마지

---

99 일체득一切得이라는 득得 자는 행行 자의 잘못이다. 『잡화기』의 말이나 차본은 이미 교정되어 있다.

를 닦아 익혀 때때로[100] 진제에 취입하지 아니함이 없을 것이다. 이와 같이 사리자야, 만약 모든 보살마하살이 능히 이와 같은 법을 잘 닦아 익힌다면 마침내 일체 선법을 잃지 않고 빨리 능히 일체 불법을 원만하게 할 것이다 하였다.

오타남이라고 한 것은 여기서는 표상이라 이름한다고 한 것은 경을 해석[101]한 것이다.

열반적정은 이 무위법의 표상이라고 말한 것은 간략하게 거론한 것이니,

또한 응당 말하기를 무상은 이 유위법의 표상이요

고는 이 유루법의 표상이요

무아는 이 모든 법의 표상이라 해야 할 것이다.

또 어떤 사람이 말하기를 오타남이라고 한 것은 응당 널리 설한다[102]는 것이니 부처님이 항상 설하는 까닭이다.

그 뜻이 『무문자설경』에 해당한다 하였다.

인이라고 한 것은 곧 결정의 뜻이라고 한 것은 모든 유루법은 이 고라고 결정하는 것이요

일체법은 무아라고 결정하는 것이요

---

100 때때로 운운은 말하자면 성숙한 연후에 들어가는 까닭이라고 『잡화기』는 말한다.

101 원문에 석경釋經은 지금에 소가疏家가 『보살장경菩薩藏經』에 오타남이라는 말을 해석하여 말하는 것을 표상標相이라고 했다는 것이다.

102 원문에 당언설唐言說은 원본에 應 자이니 應言說이다. 당나라 당 자가 아니다.

무위법은 적정이라고 결정하는 것이다.

善戒第七下는 略示源由라 地持第八은 已如上說하니라 善戒第七者
는 經云호대 智有三種하니 一者는 能捨外物이요 二者는 捨內物이요
三者는 捨內外已하고 兼化衆生이라 云何敎化고 見貧窮者어든 先當
語言호대 汝能歸依於三寶不아 受齋戒不아하라 若言能者인댄 先受
三歸와 及以齋戒하고 後則施物하며 若言不能인댄 復應語言호대 若
不能者인댄 汝能隨我하야 說一切法이 無常無我寂滅涅槃不아하라
若言能者인댄 復當敎之하고 敎已便施하며 乃至云호대 若能如是先
敎後施인댄 是名大施라하니라 釋曰此는 卽次下云호대 言三法印者
는 四中合苦하야 入於無常이라하니 卽智論所說三法印也니라 瑜伽
四十六者는 論云호대 復次有四種法의 嗢陀南하니 諸佛菩薩이 欲令
有情으로 淸淨故說이라하니 與地持同이라 地持는 卽瑜伽로 同本異
譯耳니라 或除涅槃等者는 此三은 唯說有爲니 卽不合苦入無常也니
라 言三者는 一은 無常이요 二는 苦요 三은 無我也라 然이나 嗢陀南은
此云集施니 應與鄔陀南異어늘 今論에 亦云嗢陀南은 或譯之少巧니
此三은 卽涅槃三修니라 今以諸印下는 結前諸印하고 生後釋一印義
니라 法華云佛自住大乘者는 卽第一經偈中이니 此前偈云호대 唯此
一事實이요 餘二則非眞이니 終不以小乘으로 濟度於衆生이라하니라

『선계경』[103] 제칠권이라고 한 아래는 간략하게 그 원유源由를 현시한

---

103 『선계경善戒經』이란, 『보살선계경菩薩善戒經』 9권 중에 제칠권第七卷인 듯하

것이다.

『지지론』 제팔권이라고 한 것은 이미 위[104]에서 설한 것과 같다.

『선계경』 제칠권이라고 한 것은 경에 말하기를 지혜에 세 가지가 있나니

첫 번째는 능히 외물外物을 버리는 것이요

두 번째는 능히 내물內物을 버리는 것이요

세 번째는 내외물을 버려 마치고 겸하여 중생을 교화하는 것이다.

어떻게 교화하는가.

빈궁한 사람을 보거든 먼저 마땅히 말하기를 그대는 능히 삼보에 귀의하겠는가, 팔재계를 받겠는가 하라.

만약 말하기를 능히 받겠습니다 하면, 먼저 삼귀의계와 그리고 팔재계를 주고 뒤에 곧 물품을 주며

만약 말하기를 능히 받지 않겠습니다 하면, 다시 응당 말하기를 만약 능히 받지 않겠다고 한다면 그대는 능히 나를 따라 일체법이 무상이고 무아이고 적멸이 열반이라 설하겠는가 하라.

만약 말하기를 능히 설하겠습니다 하면, 다시 마땅히 가르치고 가르친 뒤에 곧 물품을 주며, 내지 말하기를 만약 능히 이와 같이 먼저 가르치고 뒤에 주면 이것이 이름이 큰 보시다 하였다.

해석하여 말하면 이것은 곧 이 다음 아래[105]에서 말하기를 삼법인이라

지만, 수은『범망경梵網經』을 말한다. 영인본 화엄 6책, p.139에 설출說出하였다.

104 위란, 영인본 화엄 6책, p.258, 8행에 『지지론』 설설設說을 말함이다.

105 원문에 차하次下란, 소문疏文이니 영인본 화엄 6책, p.257, 7행이다.

고 말한 것은 사법인 가운데 고를 합하여 무상에 섭입한다 하였으니,
곧 『지도론』에 설한 바 삼법인이다.

『유가론』사십육권이라고 한 것은 논에 말하기를 다시 네 가지
법의 올타남이 있나니,
모든 부처님과 보살이 유정으로 하여금 청정케 하고자 하는 까닭으
로 설한다 하였으니 『지지론』으로 더불어 같다.
『지지론』은 곧 『유가론』과 원본은 같지만 번역본이 다를 뿐이다.

혹은 열반적정을 제외하나니 유위인이라고 한 등은 이 삼법인三法
印[106]은 오직 유위인만 말하였을 뿐이니,
곧 고를 합하여 무상에 섭입한 것이 아니다.[107]
삼법인이라고 말한 것은 첫 번째는 무상인이요
두 번째는 고인이요,
세 번째는 무아인이다.
그러나 올타남은 여기에서 말하면 집시集施이니 응당 오타남으로
더불어 다르거늘, 지금 『유가론』에서[108] 또한 올타남이라고 말한

---

[106] 삼법인三法印은 열반적정涅槃寂靜을 제외한 삼인三印이다.

[107] 원문에 불합不合 운운은 사인四印 가운데 고苦를 무상無常에 합슴하여 삼인三
印을 삼은 것과는 다르다는 것이다.

[108] 지금에 『유가론』이라고 한 것은 논에 구금舊今이 있는 까닭이다. 번역한
사람의 기술이라고 한 것은 『유가론』을 말하는 것이니, 번역한 사람이 그
상사한 범어를 매매昧昧하여 잘못 온타남을 가져 표상이라는 말에 해당시킨

것은 혹 번역한 사람의 작은 기술이니[109]
이 삼법인은 곧 『열반경』의 삼수三修[110]이다.

지금에는 모든 법인이라고 한 아래는 앞에 모든 법인을 맺고 뒤에
한 법인[111]을 해석하는 뜻을 생기한 것이다.
『법화경』에 말하기를[112] 부처님이 스스로 대승에 머문다고 한 것은
곧 『법화경』 제일경 게송 가운데 말이니,
이 앞의 게송에 말하기를
오직 이 일승의 일만 진실이요
나머지 이승은 곧 진실이 아니니
마침내 소승으로써
중생을 제도하지 않는다 하였다.

것이다.

109 然嘔陀南으로 譯之少巧까지를 古人은 異譯耳下로 가야 한다고 하였다.
110 원문에 열반삼수涅槃三修는 1. 무상수無常修, 2. 비락수非樂修, 3. 무아수無我修
　　이니 『불교사전』, 운허 저, p.408을 볼 것이다.
111 원문에 일인一印이라고 한 것은 실상인實相印이다.
112 法華 운운 아래에서 衆生까지 두 줄은 영인본 화엄 6책, p.265, 9행에
　　佛自住大乘이라 한 것의 초문鈔文이다(교정본에 그렇게 되어 있다). 따라서
　　『잡화기』는 율자권 하권 18장, 2행(영인본 화엄 6책, p.266, 2행) 소문 아래에
　　초문으로 있어야 할 것이지만 여기에 잘못 나와 있다 하였다.

疏

後四는 依理起行이니 七은 願護小心일새 故增廣大요 八은 智護凡
見일새 方順佛法이요 九는 自無法愛요 十은 無作而修일새 故入無
諍門矣니라

뒤에 네 가지는 진리를 의지하여 행을 일으키는 것이니
일곱 번째는 소승의 마음을 보호하려 서원하였기에 그런 까닭으로
광대한 마음[113]을 증장하는 것이요
여덟 번째는 지혜로 범부의 소견을 보호하려 하였기에 바야흐로
불법을 수순하는[114] 것이요
아홉 번째는 스스로 법에 애착이 없는 것이요
열 번째는 조작이 없이 수행하였기에 그런 까닭으로 다툼이 없는
문[115]에 들어가는 것이다.

---

113 광대한 마음(廣大心)이란, 곧 대승심大乘心이다.
114 원문에 방순불법方順佛法은 위에 불법무변순요지佛法無邊順了知이니 영인본
　　화엄 6책, p.255, 3행이다.
115 원문에 무쟁문無諍門은 영인본 화엄 6책, p.255, 3행이다.

經

佛子야 復有十法하야 能令一切諸佛로 歡喜케하나니 何者爲十고 所謂安住不放逸하며 安住無生忍하며 安住大慈하며 安住大悲하며 安住滿足諸波羅蜜하며 安住諸行하며 安住大願하며 安住巧方便하며 安住勇猛力하며 安住智慧하야 觀一切法이 皆無所住가 猶如虛空하니라 佛子야 若諸菩薩이 住此十法인댄 能令一切諸佛로 歡喜케하니라

불자여, 다시 열 가지 법이 있어서 능히 일체 모든 부처님으로 하여금 환희케 하나니
어떤 것이 열 가지가 되는가.
말하자면 불방일에 편안히 머물며
무생법인에 편안히 머물며
대자에 편안히 머물며
대비에 편안히 머물며
만족한 모든 바라밀에 편안히 머물며
모든 행에 편안히 머물며
큰 서원에 편안히 머물며
선교방편에 편안히 머물며
용맹한 힘에 편안히 머물며
지혜에 편안히 머물러 일체법이 다 머무는 바가 없는 줄 관찰하는 것이 비유하자면 허공과 같습니다.

불자여, 만약 모든 보살이 이 열 가지 법에 머문다면 능히 일체 모든 부처님으로 하여금 환희케 할 것입니다.

疏

後十은 純熟究竟中에 行修成熟일새 故云安住라하니라 初二는 入理行이니 一은 加行離逸이요 二는 正證捨相이라 次二는 救生行이라 次二는 隨緣行이니 十度別修하고 諸行總攝이라 後四는 願智行이니 卽十度後四也라 亦可前十이 如次成此十種이니 但生熟之異耳니 思之니라

뒤에 열 구절은 순숙한 것이 구경이라고 한 가운데 청정한 행을 닦은 것[116]이 성숙되었기에 그런 까닭으로 말하기를 편안히 머문다 하였다.
처음에 두 가지는 진리에 들어가는 행이니,
첫 번째는 가행정진으로 방일을 떠나는 것이요
두 번째는 바로 증득하여 모습을 버리는 것이다.
다음에 두 가지는 중생을 구호하는 행이다
다음에 두 가지는 인연을 따르는 행이니
십바라밀을 따로 수행하고 모든 행[117]을 모두 섭수하는 것이다.

---

116 원문에 행수行修란, 이 앞의 十句를 가리키는 것이다. 영인본 화엄 6책, p.256, 十句이다.
117 십도十度와 제행諸行은 각 一句이다.

뒤에 네 가지는 서원과 지혜의 행이니

곧 십바라밀에 뒤에 네 가지[118] 바라밀이다.

또한 가히 앞[119]에 열 가지가 차례와 같이 여기에 열 가지를 성립하는

것이지만 다만 설고 익은 것[120]이 다를 뿐이니

생각할 것이다.

---

118 十度 가운데 後四는, 七은 대원大願이고 八은 방편方便이고 九는 지智이다.
119 앞이란, 영인본 화엄 6책, p.256, 1행이다.
120 원문에 생숙生熟이란, 前十法은 生이고, 此十法은 熟이다.

經

佛子야 有十種法하야 令諸菩薩로 速入諸地케하나니 何等爲十
고 一者는 善巧圓滿福智二行이요 二者는 能大莊嚴波羅蜜道요
三者는 智慧明達하야 不隨他語요 四者는 承事善友하야 恒不捨
離요 五者는 常行精進하야 無有懈怠요 六者는 善能安住如來神
力이요 七者는 修諸善根호대 不生疲倦이요 八者는 深心利智를
以大乘法으로 而自莊嚴이요 九者는 於地地法門에 心無所住요
十者는 與三世佛의 善根方便으로 同一體性이니라 佛子야 此十
種法이 令諸菩薩로 速入諸地케하니라

불자여, 열 가지 법이 있어서 모든 보살로 하여금 빨리 모든 지위에
들어가게 하나니
어떤 등이 열 가지가 되는가.
첫 번째는 선교방편으로 복덕과 지혜의 두 가지 행을 원만케 하는
것이요
두 번째는 능히 바라밀의 도를 크게 장엄하는 것이요
세 번째는 지혜가 밝아 다른 사람의 말을 따르지 않는 것이요
네 번째는 선지식을 받들어 섬겨 항상 버리거나 떠나지 않는 것이요
다섯 번째는 항상 정진을 행하여 게으르지 않는 것이요
여섯 번째는 잘 능히 여래의 위신력에 편안히 머무는 것이요
일곱 번째는 모든 선근을 닦되 피곤하거나 게으른 생각을 내지
않는 것이요

여덟 번째는 깊은 마음과 예리한 지혜를 대승법으로써 스스로 장엄하는 것이요

아홉 번째는 한 지위 한 지위의 법문에 마음이 머무는 바가 없는 것이요

열 번째는 삼세에 부처님의 선근 방편으로 더불어 체성이 동일한 것입니다.

불자여, 이 열 가지 법이 모든 보살로 하여금 모든 지위에 들어가게 하는 것입니다.

疏

第二는 答入菩薩所住處問이라 文分爲三하리니 初有十法은 起入
地行이요 次는 住地觀修요 後는 明地要勝이라 今初列中에 初三은
自分行이니 一은 具資糧이요 二는 成加行이니 一度具十이 名大莊
嚴이라 三은 智契實相이니 故不隨他니라 後七은 起勝進行이니
謂四는 外近良緣이요 五는 內須自策이요 六은 能安果用이요 七은
不厭修因이요 八은 雙遊定慧니 深心契寂하고 利智貫達이니 以斯
二法으로 嚴於法身이라 故法華云호대 佛自住大乘하고 如其所得
法하야 定慧力莊嚴하야 以此度衆生也라하니라 九는 不住法門이
라 住有二失하니 一은 不契地智요 二는 不能進趣니 不住는 反此니
라 十은 善窮地體니 謂依一佛智하야 方便多門이언정 更無異體니라

제 두 번째는 보살이 머무는 바 처소에 들어가느냐고 물은 것[121]을

답한 것이다.

경문을 나누어 세 가지로 하리니

처음에 열 가지 법이 있는 것은 지위에 들어가는 행을 일으킨 것이요

다음에 열한 구절은 지위에 머물 때 관찰하여 수행하는 것이요

뒤에는 지위의 중요하고 수승함을 밝힌 것이다.

지금은 처음으로 열거한 가운데 처음에 세 가지는 자분행이니,

첫 번째는 자량資糧을 구족한 것이요

두 번째는 가행加行을 이루는 것이니

한 바라밀이 십바라밀을 구족하는 것이 이름이 크게 장엄하는 것
이다.

세 번째는 지혜가 실상에 계합하는 것이니

그런 까닭으로 다른 사람의 말을 따르지 않는 것이다.

뒤에 일곱 가지는 승진행을 일으키는 것이니,

말하자면 네 번째는 밖으로 좋은 인연을 가까이 하는 것이요

다섯 번째는 안으로 스스로 경책함을 수구하는 것이요

여섯 번째는 능히 여래의 역용(果用)[122]에 편안히 머무는 것이요

일곱 번째는 수행하는 인연을 싫어하지 않는 것이요

여덟 번째는 선정과 지혜에 함께 노니는 것이니,

깊은 마음으로 적멸에 계합하고 예리한 지혜로 꿰어 통달하는 것

이니

이 두 가지 법으로써 법신을 장엄하는 것이다.

그런 까닭으로 『법화경』에 말하기를 부처님이 스스로 대승에 머물고 그 얻은 바 법과 같이 선정과 지혜의 힘으로 장엄하여 이것으로써 중생을 제도한다 하였다.

아홉 번째는 법문에 머물지 않는 것이다.

머무는데 두 가지 허물이 있나니

첫 번째는 지위의 지혜에 계합하지 않는 것이요

두 번째는 능히 나아가지 않는 것이니,

머물지 않는다고 한 것은 이것과는 반대이다.

열 번째는 지위의 자체를 잘 궁진하는 것이니,

말하자면 한 부처님의 지혜를 의지하여 방편이 여러 문이 있을지언정 다시 다른 자체는 없는 것이다.

經

復次佛子야 諸菩薩이 初住地時에 應善觀察호대 隨其所有한 一
切法門하며 隨其所有한 甚深智慧하며 隨所修因하며 隨所得果
하며 隨其境界하며 隨其力用하며 隨其示現하며 隨其分別하며
隨其所得하야 悉善觀察하야 知一切法이 皆是自心하야 而無所
著이니 如是知已에 入菩薩地하야 能善安住하니라

다시 불자여, 모든 보살이 처음 지위에 머물 때에 응당 잘 관찰하되
그가 소유한 일체 법문을 따르며
그가 소유한 깊고도 깊은 지혜를 따르며
닦은 바 인연을 따르며
얻은 바 과보를 따르며
그의 경계를 따르며
그의 역용을 따르며
그의 시현함을 따르며
그의 분별을 따르며
그의 얻은 바를 따라서
다 잘 관찰하여 일체법이 다 자기의 마음인 줄 알아 집착하는
바가 없나니,
이와 같이 안 이후에 보살의 지위에 들어가 능히 잘 편안히 머무는
것입니다.

疏

二에 復次下는 住地觀修니 有十一句라 初一은 是總이니 一切法
門이 是成地之法이라 次九는 爲別이니 二는 諸地證智요 三은 修加
行因이요 四는 攝報等果요 五는 所知分齊와 及所化境이요 六은
進德修業에 斷障力用이요 七은 示百身等이요 八은 分別諸願과
十善等法이요 九는 所證法界니 皆言隨其者는 諸地非一故니라
十에 悉善下는 辨成觀相이니 皆自心者는 智는 與心相應故요 因은
由心學이요 果는 是心成이요 境은 由心現이요 力用은 是心分位요
神通은 是心現起요 分別은 是心決擇이요 所得은 是心造詣니 並
心外無得거니 何所著耶아 十一에 如是下는 結觀成益이라

두 번째 다시라고 한 아래는 지위에 머물 때 관찰하여 수행하는
것이니
열한 구절이 있다.
처음에 한 구절은 한꺼번에 표한 것이니
일체 법문이 지위를 이루는 법문이다.
다음에 아홉 구절은 따로 설한 것이니
두 번째는 모든 지위에서 증득한 지혜요
세 번째는 가행의 인연을 닦는 것이요
네 번째는 보신 등 과보를 섭득한 것이요
다섯 번째는 알 바의 경계와 그리고 교화할 바의 경계요
여섯 번째는 공덕에 나아가 업장을 닦음에 업장을 끊는 역용이요

일곱 번째는 백 가지 몸을 시현하는 등이요

여덟 번째는 모든 서원과 십선 등을 분별하는 것이요

아홉 번째는 증득한 바 법계이니

다 따른다고 말한 것은 모든 지위가 하나가 아닌 까닭이다.

열 번째 다 잘 관찰한다고 한 아래는 관찰을 이루는 모습을 분별한 것이니

다 자기의 마음이라고 한 것은 지혜는 마음으로 더불어 상응하는 까닭이요

인연은 마음을 인유하여 배우는 것이요

과보는 이 마음으로 이루어지는 것이요

경계는 마음을 인유하여 나타나는 것이요

역용은 이 마음의 분위分位요

신통은 이 마음으로 현기하는 것이요

분별은 이 마음으로 결택하는 것이요

얻을 바는 이 마음으로 이르는 것이니,

모두 마음 밖에 얻을 것이 없거니 어찌 집착할 바가 있겠는가.

열한 번째 이와 같이 안 이후라고 한 아래는 관찰하여 이루는 이익을 맺는 것이다.

鈔

住地觀修者는 依梁論云인댄 地者는 對治義라

지위에 머물 때 관찰하여 수행하는 것이라고 한 것은 『양섭론』을
의지하여 말한다면 지위라고 한 것은 상대하여 다스리는(對治) 뜻
이다.[123]

---

[123] 상대하여 다스리는(對治) 뜻이라고 한 것은 이미 다 이 자심인 줄 관찰하여
집착하는 바가 없는 까닭이라는 것이다. 역시 『잡화기』의 말이다.

經

佛子야 彼諸菩薩이 作是思惟호대 我等이 宜應速入諸地리니 何以故오 我等이 若於地地中住인댄 成就如是廣大功德하며 具功德已에 漸入佛地하며 住佛地已에 能作無邊廣大佛事니라 是故로 宜應常勤修習하야 無有休息하고 無有疲厭하야 以大功德으로 而自莊嚴하야 入菩薩地라하니라

불자여, 저 모든 보살이 다 이런 생각을 하되 우리 등이 마땅히 빨리 모든 지위에 들어가야 하나니
무슨 까닭인가.
우리 등이 만약 한 지위 한 지위 가운데 머문다면 이와 같은 광대한 공덕을 성취할 것이며
공덕을 갖춘 이후에는 점점 부처님의 지위에 들어갈 것이며
부처님의 지위에 들어간 이후에는 능히 끝없는 광대한 불사를 지을 것이다.
이런 까닭으로 마땅히 응당 항상 부지런히 닦아 익혀 쉼 없이 하고 피곤해하거나 싫어함이 없이 하여 큰 공덕으로써 스스로 장엄하여 보살의 지위에 들어갈 것이다 하였습니다.

疏

三에 佛子下는 顯地要勝이니 標徵釋結은 文並可知라

세 번째 불자라고 한 아래는 지위의 중요하고 수승함을 나타낸 것이니,

한꺼번에 표하고 묻고 해석하고 맺은 것은 경문을 모두 가히 알 수가 있을 것이다.[124]

---

124 원문에 문병가지文並可知라고 한 것은 何以故前은 표標이고, 何以故는 징徵이고, 何以故下는 석釋이고, 是故以下는 법法이다.

經

佛子야 有十種法하야 令諸菩薩로 所行清淨케하나니 何等爲十
고 一者는 悉捨資財하야 滿衆生意요 二者는 持戒清淨하야 無所
毁犯이요 三者는 柔和忍辱을 無有窮盡이요 四者는 勤修諸行하
야 永不退轉이요 五者는 以正念力으로 心無迷亂이요 六者는 分
別了知無量諸法이요 七者는 修一切行이나 而無所著이요 八者
는 其心不動이 猶如山王이요 九者는 廣度衆生이 猶如橋梁이요
十者는 知一切衆生이 與諸如來로 同一體性이니라 佛子야 是爲
十法이니 令諸菩薩로 所行清淨케하니라

불자여, 열 가지 법이 있어서 모든 보살로 하여금 행하는 바가
청정케 하나니
어떤 등이 열 가지가 되는가.
첫 번째는 자재資財를 다 희사하여 중생의 뜻을 만족케 하는 것
이요
두 번째는 계를 청정하게 가져 훼범하는 바가 없는 것이요
세 번째는 유화하고 인욕하기를 끝없이 하는 것이요
네 번째는 모든 행을 부지런히 닦아 영원히 물러나지 않는 것이요
다섯 번째는 바른 생각의 힘으로써 마음이 미혹하여 산란하지
않는 것이요
여섯 번째는 한량없는 모든 법을 분별하여 아는 것이요
일곱 번째는 일체행을 닦지만 집착하는 바가 없는 것이요

여덟 번째는 그 마음이 움직이지 않는 것이 비유하자면 산왕과
같은 것이요

아홉 번째는 널리 중생을 제도하는 것이 비유하자면 다리와 같은
것이요

열 번째는 일체중생이 모든 여래로 더불어 체성이 동일한 줄 아는
것입니다.

불자여, 이것이 열 가지 법이 되나니 모든 보살로 하여금 행하는
바가 청정케 하는 것입니다.

疏

第三은 答大行淸淨問이라 有二十句하니 初十은 是因이요 後十은
是果라 今初니 行成出障일새 故云淸淨이라하니 雖數名小異나 大
同十行이라 亦通十度니 十行所行이 卽是十度니 欲勝進彼일새
故此前修니라 又下文에 由爲物說法하고 自增諸度일새 故復廣明
이나 所望處別이니 互有影略이라 前七可知라 八은 於惡衆生에
修菩薩行하야 心不傾動이 是難得中義니 本願誓化故라 九는 善
法行中에 與衆生으로 爲淸凉法池하며 大悲堅固하야 普攝衆生호
대 爲舍爲歸라호미 是廣度衆生이 如橋梁義니 有力能故라 十은
眞實行中文云호대 此菩薩이 入三世諸佛體性하야 與三世諸佛로
善根同等이라하니 智決體同故니라

제 세 번째는 일체 큰 행이 다 청정함을 얻느냐고 물은 것[125]을

답한 것이다.

이십 구절이 있나니

처음에 열 구절은 이 원인이요

뒤에 열 구절은 이 과보이다.

지금은 처음으로 행이 이루어짐에 장애를 벗어나기에 그런 까닭으로 말하기를 청정이라 하였으니

비록 수數의 이름은 조금 다르지만 크게는 십행과 같다.

또한 십바라밀에도 통하나니 십행의 행할 바가 곧 십바라밀이니 저기에 승진하고자 하기에 그런 까닭으로 이 앞에서 닦는 것이다.

또 아래 문장[126]에 중생을 위하여 법을 설하고 스스로 모든 바라밀을 증장함을 인유하였기에 그런 까닭으로 다시 폭넓게 밝혔지만 바라는 바 처소는 다르나니 서로 그윽이 생략된 것[127]이 있다.

앞에 일곱 가지는 가히 알 수가 있을 것이다.[128]

---

125 원문에 대행청정문大行淸淨門이란, 영인본 화엄 6책, p.237, 2행에는 일체대행개득청정一切大行皆得淸淨이라 하였다.

126 下文이란, 영인본 화엄 6책, p.287, 1행에 있다.

127 원문에 영략影略이란, 이 가운데는 십행十行 가운데 십바라밀十波羅蜜을 통수通修하는 까닭으로 혹 십도十度의 이름도 있고 혹 십행十行의 이름도 있나니, 이 뜻은 下文 중에는 생략되어 없다. 반대로 저 下文 중에 설법說法하여 십도十度를 증장하는 것은 이 가운데는 생략되어 없다는 것이다. 『잡화기』에는 아래 설법하여 십바라밀을 이루는 것은 곧 이타이지만 그러나 또한 스스로 증득한 것이 있고 여기(경문)에 행하는 바가 청정케 한다고 한 것은 곧 자리이지만 그러나 또한 이타도 있는 까닭이다 하였다.

128 원문에 전칠가지前七可知란, 今十種法中에 前七은 十度와 十行을 雙見함을

여덟 번째는 악한 중생에게 보살의 행을 닦아 마음이 움직이지
않는 것이 이것이 얻기 어려운 가운데 뜻이니
본래의 서원으로 교화하기를 서원하는 까닭이다.
아홉 번째는 선법행 가운데 중생으로 더불어 청량한 법의 못이
되며
대비가 견고하여 널리 중생을 섭수하되 집이 되고 돌아갈 곳이
된다고 한 것이 이것이 널리 중생을 제도하는 것이, 비유하자면
다리와 같다고 한 뜻이니
힘의 공능이 있는 까닭이다.
열 번째는 진실행 가운데 문장에 말하기를 이 보살이 삼세에 모든
부처님의 체성에 들어가 삼세의 모든 부처님으로 더불어 선근이
동등하다 하였으니
지혜는 결정코 자체가 동등한 까닭이다.

鈔

雖數名小異等者는 以刊定엔 不許通十行十度일새 故雙定之니라 彼
云호대 初四五七은 名同十行거니와 餘並全別일새 不可懸指니 次後
有文하야 具顯十度라하니라 釋曰此公이 雖爲十度釋經이나 意明但
是行法이니 亦非十行이며 亦非十度일새 故今雙定이니 俱是無過니
라 次云十行所行이 卽十度者는 明二義相成이니 俱明無失이라 次云
欲勝進彼일새 故此前修者는 別通十行이니 以其上意云호대 十行은

가히 알 것이라는 것이다.

自是後位거니 何用懸指고할새 今疏通云호대 夫勝進者는 逆修後位 리니 今十住勝進에 正修十行거니 何有違耶아하니라 又下文에 由爲 物下는 通其不許十度라 彼云호대 下文에 自有十度어늘 此是十度인 댄 乃成重也라할새 故今釋云호대 彼約說法成度요 此約通修니 所望 旣差일새 亦非繁重이라 彼唯前四名同거니와 今取其後三하야 說同 十行하야 指文顯著하니라 前七雙具니 文理自顯하니라

비록 수의 이름은 조금 다르지만이라고 한 등은 『간정기』[129]에서는 십행과[130] 십도에 통한다고 함을 허락하지 않기에 그런 까닭으로 그 십도와 십행을 함께 결정[131]한 것이다.

저 『간정기』에 말하기를[132] 처음 구절과 네 번째와 다섯 번째와 일곱 번째는 이름이 십행과 같거니와 나머지는 아울러 온전히 다르 기에 미리[133] 가리키는 것이 옳지 않나니

차후에 경문이 있어[134] 십바라밀을 갖추어 나타내었다 하였다.

해석하여 말하면[135] 이 원공이 비록 십바라밀로 경을 해석하였지만 그 뜻은 다만 행법만을 밝힌 것이니,

---

129 『간정기刊定記』는 제오권이다.

130 十行 아래에 十度가 있는 것이 좋다.

131 원문에 쌍정雙定은 십도十度와 십행十行을 쌍정雙定하되 수의 이름이 조금 다르다고 하였다.

132 원문에 피운彼云은 『간정기刊定記』 제오권이다.

133 원문에 현懸 자는 여기서는 '미리 현' 자이다.

134 원문에 차후유문次後有文은 영인본 화엄 6책, p.287 이하 十度이다.

135 日은 曰 자의 잘못이다.

또한 십행도 아니며 또한 십바라밀도 아니기에 그런 까닭으로 지금
에 함께 결정한 것이니
함께 허물이 없는 것이다.

다음에 말하기를 십행의 행할 바가 곧 십바라밀이라고 한 것은
두 가지 뜻이 서로 성립함을 밝힌 것이니
함께 허물이 없음을 밝힌 것이다.

다음에 말하기를 저기에 승진하고자 하기에 그런 까닭으로 이 앞에
서 닦는다고 한 것은 십행을 따로 통석한 것이니,
그 위에 뜻에 말하기를 십행은 스스로 이 뒤에 지위거늘 어찌 미리
가리킴을 쓰는가 하기에, 지금에 소가가 통석하여 말하기를 대저
승진하려는 사람은 역逆으로 뒤에 지위를 수행해야 하리니 지금에
십주의 승진에서 바로 십행을 닦거니 어찌 어김이 있겠는가 하였다.
또 아래 문장에 중생을 위하여 법을 설한다고 한 아래는 그 십바라밀
을 허락하지 아니함을 통석한 것이다.
저 『간정기』에 말하기를 아래 문장에 스스로 십바라밀이 있거늘
여기가 십바라밀이라고 한다면 이에 중복을 이루는 것이다 하기에
그런 까닭으로 지금에 해석하여 말하기를 저서는 법을 설하고
십바라밀을 이루는 것을 잡은 것이요
여기서는 한꺼번에 수행하는 것을 잡은 것이니
바라는 바가 이미 차별하기에 또한 중복하는 것도 번거롭지 않는
것이다.

저기서는 오직 앞에 네 가지만 이름이 같거니와 지금에는 그 뒤[136]에 세 가지를 취하여 십행과 같다고 설[137]하여 앞에 경문을 가리켜[138] 나타내었다.

앞에 일곱 가지는 함께 구족하였으니[139]

소문에 그 이치가 스스로 잘 나타나 있다.

---

136 復는 後 자의 잘못이다.

137 設은 說 자가 좋다.

138 원문에 지문指文이란, 영인본 화엄 6책, p.287, 1행이다.

139 원문에 전칠쌍구前七雙具 운운은 수 십종법十種法 중에 前七이 십도十度와 십행十行을 함께 갖추고 있다는 것이다. 그러나 단 後三은 십행十行의 뒤에 세 가지 뜻과는 같고, 십도十度의 뒤에 세 가지 뜻은 아예 없다는 것이다. 그 이치가 소문에 잘 나타나 있다는 것이다.

經

菩薩이 旣得行淸淨已에 復獲十種增勝法하나니 何等爲十고 一
者는 他方諸佛이 皆悉護念이요 二者는 善根增勝하야 超諸等列
이요 三者는 善能領受佛加持力이요 四者는 常得善人하야 爲所
依怙요 五者는 安住精進하야 恒不放逸이요 六者는 知一切法이
平等無異요 七者는 心恒安住無上大悲요 八者는 如實觀法하야
出生妙慧요 九者는 能善修行巧妙方便이요 十者는 能知如來의
方便之力이니라 佛子야 是爲菩薩의 十種增勝法이니라

보살이 이미 행이 청정함을 얻은 이후에 다시 열 가지 더욱 수승한
법을 얻나니
어떤 등이 열 가지가 되는가.
첫 번째는 타방 세계에 모든 부처님이 다 보호하고 염려하는 것이요
두 번째는 선근이 더욱 수승하여 모든 등급의 나열을 초월하는
것이요
세 번째는 잘 능히 부처님의 가피지력을 받는 것이요
네 번째는 항상 선한 사람을 얻어 의지하는 바가 되는 것이요
다섯 번째는 편안히 머물러 정진하여 항상 방일하지 않는 것이요
여섯 번째는 일체법이 평등하여 다름이 없음을 아는 것이요
일곱 번째는 마음이 항상 더 이상 없는 대비에 편안히 머무는
것이요
여덟 번째는 여실하게 법을 관찰하여 묘한 지혜를 출생하는 것이요

아홉 번째는 능히 잘 교묘한 방편을 수행하는 것이요
열 번째는 능히 여래의 방편의 힘을 아는 것입니다.
불자여, 이것이 보살의 열 가지[140] 더욱 수승한 법이 되는 것입니다.

疏

第二에 菩薩旣得下는 由行淨因하야 得勝法果니 一은 他力勝이요
二는 自善勝이요 三은 深定勝이요 四는 同行勝이요 五는 助道勝이
요 六은 眞智勝이요 七은 意樂勝이요 八은 觀慧勝이요 九는 修行勝
이요 十은 增進勝이라

제 두 번째 보살이 이미 행이 청정함을 얻은 이후라고 한 아래는
수행의 청정한 원인을 인유하여 수승한 법의 과보를 얻는 것이니
첫 번째는 타력이 수승한 것이요
두 번째는 자기의 선근이 수승한 것이요
세 번째는 깊은 삼매가 수승한 것이요
네 번째는 같이 수행하는 사람이 수승한 것이요
다섯 번째는 도를 돕는 것이 수승한 것이요
여섯 번째는 참다운 지혜가 수승한 것이요
일곱 번째는 마음의 즐거움이 수승한 것이요
여덟 번째는 관찰하는 지혜가 수승한 것이요

---

140 十 자 아래에 種 자가 있어야 한다.

아홉 번째는 수행이 수승한 것이요

열 번째는 더욱 정진하는 것이 수승한 것이다.

經

佛子야 菩薩이 有十種淸淨願하나니 何等爲十고 一은 願成熟衆
生이나 無有疲倦이요 二는 願具行衆善하야 淨諸世界요 三은 願
承事如來하야 常生尊重이요 四는 願護持正法호대 不惜軀命이
요 五는 願以智觀察하야 入諸佛土요 六은 願與諸菩薩로 同一體
性이요 七은 願入如來門하야 了一切法이요 八은 願見者生信하야
無不獲益이요 九는 願神力으로 住世盡未來劫이요 十은 願具普
賢行하야 淨治一切種智之門이니라 佛子야 是爲菩薩의 十種淸
淨願이니라

불자여, 보살이 열 가지 청정한 서원이 있나니
어떤 등이 열 가지가 되는가.
첫 번째는 중생을 성숙케 하지만 피곤하거나 싫어함이 없기를
서원하는 것이요
두 번째는 수많은 선법을 갖추어 행하여 모든 세계를 청정케 하기를
서원하는 것이요
세 번째는 여래를 받들어 섬겨 항상 존중하는 마음을 내기를 서원하
는 것이요
네 번째는 정법을 보호하여 가지되 몸과 목숨을 아끼지 않기를
서원하는 것이요
다섯 번째는 지혜로 관찰하여 모든 부처님의 국토에 들어가기를
서원하는 것이요

여섯 번째는 모든 보살로 더불어 체성이 동일하기를 서원하는
것이요

일곱 번째는 여래의 문에 들어가 일체법을 요달하기를 서원하는
것이요

여덟 번째는 보는 사람이 믿음을 내어 이익을 얻지 아니함이 없기를
서원하는 것이요

아홉 번째는 신통력으로 세상에 미래세월이 다하도록 머물기를
서원하는 것이요

열 번째는 보현행을 구족하여 일체종지의 문門을 깨끗하게 다스리
기를 서원하는 것입니다.

불자여, 이것이 보살의 열 가지 청정한 서원이 되는 것입니다.

疏

第四는 答大願問이라 有二十句하니 初十은 起勝淨願이요 後十은
勵志令滿이라 今初는 全同初地十願이니 一은 成熟衆生願이요 二
는 淨佛國土願이요 三은 供養이요 四는 護法이요 五는 承事요 六은
同善根이요 七은 攝法上首니 法通至佛이 名如來門이라 八은 三業
不空이요 九는 具修諸行이요 十은 現成正覺이니 但彼文廣이라
依彼次者인댄 五七一二六八三九四十이 爲今之次니라

제 네 번째는 큰 서원을 만족케 하느냐고[141] 물은 것을 답한 것이다.

---

141 원문에 대원문大願問은 영인본 화엄 6책, p.237엔 소유대원실사만족所有大願

이십 구절이 있나니
처음에 열 구절은 수승하고 청정한 서원을 일으키는 것이요
뒤에 열 구절은 뜻을 힘써 하여금 만족케 하는 것이다.

지금은 처음으로 초지에 열 가지 서원과 온전히 같나니
첫 번째는 중생을 성숙케 하기를 서원하는 것이요
두 번째는 불국토를 청정케 하기를 서원하는 것이요
세 번째는 여래에게 공양하기를 서원하는 것이요
네 번째는 정법을 보호하여 가지기를 서원하는 것이요
다섯 번째는 부처님을 받들어 섬기기를 서원하는 것이요
여섯 번째는 선근이 같기를 서원하는 것이요
일곱 번째는 법을 섭수하는 상수上首[142]이니
법을 통달하여 부처에 이르는 것이 이름이 여래의 문門이다.
여덟 번째는 삼업이 헛되지 않기를 서원하는 것이요
아홉 번째는 모든 행을 갖추어 닦기를 서원하는 것이요
열 번째는 현재 정각 이루기를 서원하는 것이니
다만 저 초지는 경문이 넓을 뿐이다.
저 초지의 차례를 의지한다면 다섯 번째, 일곱 번째, 첫 번째, 두 번째, 여섯 번째, 여덟 번째, 세 번째, 아홉 번째, 네 번째, 열 번째 차례가 지금의 차례가 되는 것이다.

悉使滿足이라 하였다.

142 상수上首라고 한 것은 여래문如來門에 들어간 까닭으로 상수제자上首弟子라 하는 것이다.

鈔

依彼次者인댄 五七一二等은 如次將今之十하야 以對彼十이니 此中
第一이 卽彼第五에 是成熟衆生等이라

저 초지의 차례를 의지한다면 다섯 번째, 일곱 번째, 첫 번째, 두
번째 등이라고 한 것은 차례와 같이 지금의 열 가지를 가져 저
초지의 열 가지를 상대한 것이니,
이 가운데 제일 첫 번째가 곧 저 초지의 제 다섯 번째 중생을 성숙케
하기를 서원한다 한 등이다.

經

佛子야 菩薩이 住十種法하야 令諸大願으로 皆得圓滿케하나니 何等爲十고 一者는 心無疲厭이요 二者는 具大莊嚴이요 三者는 念諸菩薩의 殊勝願力이요 四者는 聞諸佛土하고 悉願往生이요 五者는 深心長久하야 盡未來劫이요 六者는 願悉成就一切衆生이요 七者는 住一切劫이나 不以爲勞요 八者는 受一切苦나 不生厭離요 九者는 於一切樂에 心無貪著이요 十者는 常勤守護無上法門이니라

불자여, 보살이 열 가지 법에 머물러 모든 큰 서원으로 하여금 다 원만함을 얻게 하나니

어떤 등이 열 가지가 되는가.

첫 번째는 마음이 피곤하거나 싫어함이 없는 것이요

두 번째는 큰 장엄을 갖추는 것이요

세 번째는 모든 보살의 수승한 원력을 생각하는 것이요

네 번째는 모든 부처님의 국토에 대하여 듣고 다 가서 태어나기를 서원하는[143] 것이요

다섯 번째는 깊은 마음이 장구하여 미래세월이 다하도록 하는 것이요

여섯 번째는 일체중생이 다 성취하기를 서원하는 것이요

---

143 원문에 실원왕생悉願往生이란, 삼승三乘의 정토보살淨土菩薩이 흔염왕생欣厭 往生하는 것과는 같지 않은 것이다.

일곱 번째는 일체 세월에 머물지만 피로하지 않는 것이요
여덟 번째는 일체 괴로움을 받지만 싫어하여 떠나지 않는 것이요
아홉 번째는 일체 즐거움에 마음이 탐착하지 않는 것이요
열 번째는 항상 부지런히 더 이상 없는 법문을 수호하는 것입니다.

疏

二에 佛子菩薩下에 令願成滿者는 由斯十句하야 能滿前十과 及
餘多願이라 於中五에 深心은 則可久요 六에 悉成은 則可大니 可久
는 則菩薩之德이요 可大는 則菩薩之業이라 餘並可知라

두 번째 불자여, 보살이라고 한 아래에 서원으로 하여금 만족함을
얻어 이루게 한다고 한 것은 이 열 구절을 인유하여 능히 앞에
열 가지 서원과 그리고 나머지 많은 서원을 만족하는 것이다.
그 가운데 제 다섯 번째 깊은 마음이라고 한 것은 곧 가히 장구한
마음이요
여섯 번째 다 성취한다고 한 것은 곧 가히 장대하게 성취한다는
것이니
가히 장구한 마음이라고 한 것은 곧 보살의 공덕이요
가히 장대하게 성취한다고 한 것은 곧 보살의 업이다.
나머지는 모두 가히 알 수가 있을 것이다.

鈔

五에 深心等者는 此則用周易繫辭라 繫辭云호대 乾以易知하고 坤以
簡能하나니(天地之道는 不爲而善始하며 不勞而善成일새 故曰易簡이라)
易則易知요 簡則易從이며 易知則有親이요 易從則有功이며(順萬物
之情일새 故曰有親이요 通天下之志일새 故曰有功이라) 有親則可久요
有功則可大니(有易簡之德일새 則能成可久可大之功이라) 可久則賢人
之德이요 可大則賢人之業이라(天地易簡일새 萬物이 各載其形하고 聖
人不爲일새 群方이 各遂其業하나니 德業旣成에 則入於形器일새 故以賢人
으로 目其德業也라) 易簡에 而天下之理를 得矣요(天地之理가 莫不由於
易簡하야 而各得順其分位也라) 天下之理를 得而成位를 乎其中矣라하
니(成位는 立象也라 極易簡하면 則能通天下之理하고 通天下之理일새 故
能成象하야 並乎天地也라 言其中者는 則明並天地也라) 但觀向引인댄
疏文可見이니 但取可大可久之言하고 而不取易簡之義니라

제 다섯 번째 깊은 마음이라고 한 등은 이것은 곧 『주역』의 계사繫辭
를 인용한 것이다.

계사에 말하기를 하늘은 쉬운 것으로써 알고[144] 땅은 간결한 것으로써

---

144 하늘은 쉬운 것으로써 안다고 한 그 안다는 것(知)은 오히려 관管의 뜻이니,
아래 쉽게 안다는(易知) 글자로 더불어 같지 않은 것이다. 역시 『잡화기』의
말이다.
乾以易知前에 乾道成男하고 坤道成女하며 乾知大始하고(太初也) 坤作成物
이라 하였다. 乾以易知는 乾知太始를 말하는 것이요, 坤以簡能은 坤作成物
을 말하는 것이다. 즉 하늘은 쉬운 것으로써 안다고 한 앞에 하늘의 도는

공능을 이루나니(천지의 도는 하지 않고 잘 시작하며 수고하지 않고
잘 이루기에 그런 까닭으로 말하기를[145] 쉽고 간결하다 한 것이다.)
쉽다는 것은 곧 쉽게 안다는 것이요
간결하다는 것은 곧 쉽게 따른다는 것이며
쉽게 안다는 것은 곧 친화력이 있다는 것이요
쉽게 따른다는 것은 곧 공능이 있다는 것이며(만물의 정을 따르기에
그런 까닭으로 말하기를[146] 친화력이 있다 한 것이요, 천하의 뜻을 관통하기
에 그런 까닭으로 말하기를 공력이 있다 한 것이다.)
친화력이 있다는 것은 곧 가히 장구하다는 것이요
공능이 있다는 것은 곧 가히 장대하다는 것이니(쉽고 간결한 공덕이
있기에 곧 능히 가히 장구하고 가히 장대한 공능을 이루는 것이다.)
가히 장구하다는 것은 곧 현인의 공덕이요
가히 장대하다는 것은 곧 현인[147]의 업이다.(천지가 쉽고 간결하기에
만물이 각각 그 모습을 싣고 성인이 하지 않기에 수많은 사람이 각각
그 업을 따르나니, 공덕과 업이 이미 이루어짐에 곧 형기刑器[148]에 들어가기

남자를 이루고 땅의 도는 여자를 이루며 하늘은 태시大始를 알고 땅은 만물을
만든다 하였다. 하늘은 쉬운 것으로써 안다고 한 것은, 하늘은 태시를 안다고
한 것을 말하는 것이고, 땅은 간결한 것으로써 공능을 이룬다고 한 것은,
땅은 만물을 만든다고 한 것을 말하는 것이다.
145 故日의 日 자는 曰 자이다.
146 故日의 日 자는 역시 曰 자이다.
147 원문에 가구즉현인可久則賢人 가대즉현인可大則賢人이라고 한 것은 성인聖人
이라고 해야 할 것이지만 현인賢人이라고 한 것은 성인聖人이라고 하면
현애상懸崖想을 내기에 현인賢人으로써 덕업德業을 지목地目한 것이다.

에[149] 그런 까닭으로 현인으로 그 공덕과 업을 지목한 것이다.)

쉽고 간결함에 천하의 이치를 얻고(천지의 이치가 쉽고 간결함을 인유하여 각각 그 분위에 따름을 얻지 아니함이 없는 것이다.)

천하의 이치를 얻음에 지위를 그 가운데서 이룬다 하였으니(지위를 이룬다고 한 것은 모습을 세우는 것이다. 쉽고 간결한 것이 지극하면 곧 능히 천하의 이치를 관통하고, 천하의 이치를 관통하기에 그런 까닭으로 능히 모습을 이루어 천지와 병합하는 것이다. 그 가운데라고 말한 것은 곧 천지와 병합함을 밝힌 것이다.)

다만 향래에 인용한 것만 관찰한다면 소문을 가히 알아볼 것이니 다만 가히 장대하고 가히 장구하다는 말만 취하고 쉽고 간결하다는 뜻은 취하지 말 것이다.

---

148 형기刑器는 만물萬物이다.

149 형기刑器에 들어간다고 한 것은 그 뜻에 말하기를 이미 성인의 덕은 혼연渾然히 무위無爲니, 천지로 더불어 합한 까닭으로 형기 가운데 들어가지 않기에 그런 까닭으로 지금에 다만 현인으로써 그 덕업德業을 지목한 것이다. 역시 『잡화기』의 말이다.

經

佛子야 菩薩이 滿足如是願時에 卽得十種無盡藏하나니 何等爲
十고 所謂普見諸佛無盡藏과 總持不忘無盡藏과 決了諸法無
盡藏과 大悲救護無盡藏과 種種三昧無盡藏과 滿衆生心하는 廣
大福德無盡藏과 演一切法하는 甚深智慧無盡藏과 報得神通無
盡藏과 住無量劫無盡藏과 入無邊世界無盡藏이니라 佛子야 是
爲菩薩의 十無盡藏이니라

불자여, 보살이 이와 같은 서원을 만족할 때 곧 열 가지 끝없는
창고를 얻나니
어떤 등이 열 가지가 되는가.
말하자면 널리 모든 부처님을 보는 끝없는 창고와
모두 가져 잊지 않는 끝없는 창고와
모든 법을 결정코 아는 끝없는 창고와
대비로 구호하는 끝없는 창고와
가지가지 삼매의 끝없는 창고와
중생의 마음을 만족케 하는 광대한 복덕의 끝없는 창고와
일체법을 연설하는 깊고도 깊은 지혜의 끝없는 창고와
과보로 신통을 얻는 끝없는 창고와
한량없는 세월에 머무는 끝없는 창고와
끝없는 세계에 들어가는 끝없는 창고입니다.
불자여, 이것이 보살의 열 가지 끝없는 창고가 되는 것입니다.

疏

第五에 佛子已下는 答護菩薩藏問이라 文亦有四하니 初는 是結前
生後니 謂以前行願으로 蘊積成藏일새 故唯十句가 更無成熟等
異라 文有五對는 並顯可知라

제 다섯 번째 불자여, 보살이라고 한 이하는 보살의 창고를 얻느냐[150]
고 물은 것을 답한 것이다.
경문에 또 한 네 가지가 있나니
처음에는 앞에 말을 맺고 뒤에 말을 일으키는 것이니,
말하자면 앞에 행과 서원[151]으로써[152] 쌓아 끝없는 창고를 이루기에

150 원문에 호보살장護菩薩藏이란, 영인본 화엄 6책, p.237, 3행에는 호제보살광
    대지장護諸菩薩廣大之藏이라 하였다.
151 앞에 행과 서원이라고 한 것은, 행行은 영인본 화엄 6책, p.268, 4행이고,
    서원(願)은 같은 책 p.272, 3행이다.
152 말하자면 앞에 행과 서원 운운한 것은 앞에 행과 서원을 상대하여 다름을
    가린 것이니, 그 뜻에 말하기를 상래에 모든 문門은 다 앞에 열 가지와
    뒤에 열 가지 등이 있지만, 그러나 지금에는 다만 열 가지만 있는 것은
    그 앞에 행과 서원이 지금의 공덕을 이루는 원인이 되는 까닭으로 다만
    앞에 말을 맺는 것뿐이고, 다시 먼저 태어나고 뒤에 성숙하는 것이 다름이
    없나니 바로 아래 성숙 등이라고 한 등等 자는 그 태어나는 것을 등취한
    것이다. 혹은 이 성숙이라는 글자가 열 가지 서원의 처음 가운데 제일구(영인
    본 화엄 6책, p.272, 3행)를 가리키는 것이니, 그 등等 자는 나머지 아홉
    구절과 그리고 행 가운데 처음에 열 구절(영인본 화엄 6책, p.268, 4행 이하,
    두 번째 열 구절은 같은 책, p.271, 3행 이하이다)을 등취한 것이다. 그 뜻에
    말하기를 지금 가운데는 다시 저 예가 없다. 역시 『잡화기』의 말이다.

그런 까닭으로 오직 이 열 구절만이 다시 중생을 성숙케 한다는
등의 다름이 없다.
경문에 오대五對가 있는 것은 모두 나타났으니 가히 알 수가 있을
것이다.

鈔

文有五對는 並顯可知者는 一은 見佛持法對요 二는 智深悲廣對요
三은 多定廣福對요 四는 辯深通勝對요 五는 竪永橫該對라

경문에 오대가 있는 것은 모두 나타났으니 가히 알 수가 있을 것이라
고 한 것은 첫 번째는 부처님을 보는 것과 법을 가지는 것이 상대요
두 번째는 지혜가 깊은 것과 대비가 넓은 것이 상대요
세 번째는 많은 삼매와 광대한 복이 상대요
네 번째는 분별하여 연설하는 것이 깊은 것과 신통이 수승한 것이
상대요
다섯 번째는 수竪로 영원[153]한 것과 횡橫으로 갖춘 것이 상대이다.

---

153 末 자는 永 자의 잘못이다.

經

菩薩이 得是十種藏已에 福德具足하고 智慧淸淨하야 於諸衆生
에 隨其所應하야 而爲說法하니라

보살이 이 열 가지 창고를 얻은 이후에 복덕을 구족하고 지혜가
청정하여 저 모든 중생에게 그 응하는 바를 따라서 법을 설합니다.

疏

第六에 菩薩得是下는 答隨所應化하야 常爲說法問이라 文分爲
三하리니 初는 結前生後니 謂蘊積福智하야 用以攝生이라

제 여섯 번째 보살이 이 열 가지 창고를 얻은 이후라고 한 아래는
응당 교화할 바를[154] 따라서 항상 법을 설하느냐고 물은 것을 답한
것이다.
경문을 나누어 세 가지로 하리니
처음에는 앞에 말을 맺고 뒤에 말을 일으키는 것이니,
말하자면 복덕과 지혜를 쌓아 중생을 섭수하는 것으로써 사용하는
것이다.

---

154 응당 교화할 바 운운은, 영인본 화엄 6책, p.237, 3행이다.

經

佛子야 菩薩이 云何於諸衆生에 隨其所應하야 而爲說法고

불자여, 보살이 어떻게 모든 중생에게 그 응하는 바를 따라 법을 설합니까.

疏

二에 佛子下는 徵以標起라

두 번째 불자여, 보살이라고 한 아래는 물음을 표하여 일으키는 것이다.

經

所謂知其所作하며 知其因緣하며 知其心行하며 知其欲樂하야

말하자면 그 짓는 바를 알며 그 인연을 알며 그 마음이 가는 것을 알며 그 욕락을 알아서

疏

三에 所謂下는 正解其義라 於中分二니 初는 知器授法이요 二는 具德成益이라 初中先은 知器니 有四라 一은 識習氣所作이니 如金師之子에 應敎數息等이라 二는 知種性因緣이니 聞法發心은 爲因이니 隨因成性이요 遇師聞法은 爲緣이니 隨緣成種이라 三은 知心行之病이니 謂多貪等이라 四는 知希望差別이라

세 번째 말하자면이라고 한 아래는 바로 그 뜻을 아는 것이다.
그 가운데 두 가지로 나누리니
처음에는 근기를 알아 법을 주는 것이요
두 번째는 공덕을 갖추어 이익을 이루는 것이다.
처음 가운데 먼저는 근기를 아는 것이니 네 가지가 있다.
첫 번째는 습기의 지을 바를 아는 것이니,
마치 대장간(金師)의 아들에게 응당 수식관을 가르치는 등과 같다.
두 번째는 종성의 인연을 아는 것이니,
법문을 듣고 발심하는 것은 원인이 되는 것이니 원인을 따라 자성을

이루는 것이요

스승을 만나 법문을 듣는 것은 조연이 되는 것이니 조연을 따라
종자를 이루는 것이다.

세 번째는 마음이 가는 병을 아는 것이니,

말하자면 탐욕이 많은 등이다.

네 번째는 희망이 차별함을 아는 것이다.

鈔

金師之子等者는 涅槃經說이니 乃是身子가 差機라 十地當引하려니
와 今且引莊嚴論說하리라 目連이 敎二弟子호대 金師之子에 敎不淨
觀하고 浣衣之子에 敎數息觀한대 久無所證거늘 舍利弗이 問目連호
대 汝以何法으로 而敎之乎아하니 答之以二觀이라하니라 又問호대 二
人從何來오 答호대 一은 浣衣요 二는 鍛金이라 身子云호대 鍛金之子
는 應敎數息하고 浣衣之子는 令修不淨하라 於是에 目連이 如法敎之
한대 則得羅漢거늘 卽說五頌하야 讚身子云호대 第二轉法輪하는 佛
法之大將이며 於諸聲聞中에 得於最上智이로다 又云호대 行自境界
中인댄 獲得所應得이어니와 行他境界中인댄 如魚墮陸地리라 我常
在河邊하야 習浣衣自淨할재 安心於白骨에 相類易開解라 不大加功
力하고 速疾入我意니라 金師常吹囊하니 出入氣是風이라 以其相類
故로 易樂入安般이니 衆生所翫習이 各自有勝劣이라하니라 釋曰上
皆隨宜之意니라

마치 대장간의 아들에게는 수식관을 가르치는 등과 같다고 한 것은
『열반경』의 말이니,

이에 이것은 신자身子가 근기가 차별함을 알아[155] 가르치는 것이다.

십지에서 마땅히 인용할 것[156]이어니와 지금에는 우선 『장엄론』을
인용하여 설하겠다.

목련존자가 두 제자를 가르치되 대장간의 아들에게는 부정관을
가르치고 세탁소(浣衣)의 아들에게는 수식관을 가르친대 오래되어
도 증득하는 바가 없거늘, 사리불이 목련존자에게 묻기를 그대는
무슨 법으로써 가르치는가 하니, 답하기를 이관二觀[157]으로써 가르친
다 하였다.

또 묻기를 두 사람이 어디로 좇아왔는가.

답하기를 한 사람은 세탁소의 아들이고 한 사람은 대장간의 아들
이다.

신자가 말하기를 대장간의 아들은 응당 수식관을 가르치고 세탁소의
아들은 하여금 부정관을 닦게 하라

이에 목련존자가 여법하게 가르친대 곧 아라한과를 얻거늘, 곧
다섯 가지 게송을 설하여[158] 신자를 찬탄하여 말하기를

---

155 원문에 신자차기身子差機는, 신자身子가 근기根機의 차별을 알아 관법觀法을
준 것이다.

156 십지에서 마땅히 인용할 것이라고 한 것은 야자권夜字卷 62장, 상을 볼
것이라고 『잡화기』는 말한다.

157 이관二觀은 부정관不淨觀과 수식관數息觀이다.

158 원문에 즉설오송卽說五頌이란, 다섯 가지 게송(五頌)을 설說한 것은 목련目連

제 두 번째 법륜을 전하는[159]

불법의 대장이며

모든 성문 가운데

최상의 지혜를 얻었도다.

또 말하기를 자기의 경계 가운데를 행한다면[160]

응당 얻을 바를 얻거니와,

다른 경계 가운데를 행한다면[161]

마치 고기가 육지에 떨어지는 것과 같을 것이다.

나는 항상 강가에 있어

옷을 빨아 스스로를 깨끗하게 할 때에

마음을 백골관에 둠에

서로 비슷하여 개오하기가 쉬운지라.

큰 공력을 더하지 않고

이다.

159 제 두 번째 법륜을 전한다고 한 것은 목련이 이미 처음 전한 까닭이다. 혹은 말하기를 부처님이 제일도사第一道師인 까닭이다 하였다. 역시 『잡화기』의 말이다.

또 원문에 제이전법륜第二轉法輪이라고 한 것은, 여래如來가 첫 번째 법륜法輪을 전한 까닭으로 제이第二라 한 것이다.

160 원문에 행자경계行自境界는 자기 근성根性에 맞는 수행修行이다.

161 원문에 행타경계行他境界는 자기 근성根性에 맞지 않는 수행이다.

빨리 나의 뜻에 들어갔다.

대장장이는 항상 풀무질로 바람을 내나니

출식出息과 입식入息이 이 바람인지라.

그 모습이 서로 비슷한 까닭으로

수식관(安般)[162]에 좋이 들어가기가 쉬운 것이니

중생이 익힌 바가[163]

각각 스스로 수승하고 하열함이 있다 하였다.

해석하여 말하면 이상에서 말한 것은 다 근기의 마땅함을 따른다는
뜻이다.

---

162 안반安般은 안나반나安那般那의 준말이니, 여기서는 출식입식出息入息이라
　　하나니 수식관數息觀이다. 『원각경圓覺經』 제육권 89장 초문鈔文에 있다.
　　『잡화기』의 말도 이와 같다.

163 중생이 익힌 바라고 한 아래는 중생의 습관이 다르기에 대장장이는 수식관을
　　하고 세탁소 주인은 백골관(부정관)을 해야 한다는 것이다.

經

貪欲多者엔 爲說不淨하며 瞋恚多者엔 爲說大慈하며 愚癡多者
엔 敎勤觀察하며 三毒等者엔 爲說成就勝智法門하며 樂生死者
엔 爲說三苦하며 若著處所인댄 說處空寂하며 心懶怠者엔 說大
精進하며 懷我慢者엔 說法平等하며 多諂誑者엔 爲說菩薩의 其
心質直하며 樂寂靜者엔 廣爲說法하야 令其成就케하나니 菩薩이
如是隨其所應하야 而爲說法하니라

탐욕이 많은 사람에게는 부정함을 설하며
성냄이 많은 사람에게는 큰 자비를 설하며
어리석음이 많은 사람에게는 부지런히 관찰하기를 가르치며
삼독이 똑같이 많은 사람에게는 수승한 지혜를 성취할 법문을
설하며
생사를 좋아하는 사람에게는 세 가지 고통을 설하며
만약 처소에 집착하는 사람이라면 처소가 공적함을 설하며
마음이 게으른 사람에게는 큰 정진을 설하며
아만을 품은 사람에게는 법이 평등함을 설하며
아첨과 속임이 많은 사람에게는 보살의 그 마음이 질박하고 정직함
을 설하며
고요를 좋아하는 사람에게는 널리 법을 설하여 그로 하여금 성취케
하나니
보살이 이와 같이 그 응하는 바를 따라서 법을 설합니다.

疏

二에 貪欲下는 知授法이라 文有十句하니 初二는 可知라 三에 癡有
二種하니 一은 迷於事理에 敎觀法相이요 二는 惡邪推求하야 不信
業因에 令其觀察十二因緣케하야 能離邪執自性等計니 上三은
唯對治니라 四에 等分者는 等謂相似니 三觀을 不可並施니라 若等
重者인댄 敎觀勝義니 謂婬欲卽道等이요 若等輕者인댄 可以生善
으로 爲人化之니 釋此四分은 具如雜集十三하니라 五는 求人天樂
이 爲樂生死니 說三苦者는 乃至非想이라도 行苦所隨故니라 十에
樂事寂者는 令成理寂케하고 若沈空寂인댄 令成事用케하니라 菩
薩已下는 總結隨宜니라

두 번째 탐욕이 많은 사람이라고 한 아래는 법을 설하여 주는 것을
아는 것이다.
경문에 열 구절이 있나니
처음에 두 구절은 가히 알 수가 있을 것이다.
세 번째 어리석음에 두 가지가 있나니
첫 번째는 사리를 미혹함에 법상을 관찰하기를 가르치는 것이요
두 번째는 악법과 사법을 추구하여 업인을 믿지 아니함에 그로
하여금 십이인연을 관찰케 하여 능히 그 인연의 자성을 잘못 고집하
는 등의 계교를 떠나게 하는[164] 것이니,

---

[164] 원문에 능리사집能離邪執 운운은, 십이인연十二因緣의 자성自性이 공空하다고
정찰正察해야 한다는 것이다.

위에 세 가지는 오직 상대하여 다스리는 것뿐이다.[165]

네 번째 삼독이 똑같은 분으로 많다고 한 것은 똑같다고 한 것은 서로 같음을 말한 것이니,

삼관三觀[166]을 가히 함께 시설할 수 없는 것이다

만약 똑같이 무거운 사람이라면 수승한 뜻[167]을 관찰하기를 가르칠 것이니,

말하자면 음욕이 곧 도라고 가르치는 등[168]이요

만약 똑같이 가벼운 사람이라면 가히 선법을 생기하는 것으로써 사람을 교화할 것이니[169]

이 사분四分을 해석한 것은 『잡집론』제십삼권에 갖추어 설한 것과 같다.

다섯 번째는 인간과 천상의 즐거움을 구하는 것이 생사를 좋아하는

---

165 원문에 유대치唯對治는 사실단四悉檀 가운데 대치실단對治悉檀이다. 아래 제 네 번째 등분等分 가운데는 실단悉檀을 갖추고 있는 까닭으로 여기서는 오직 대치對治라고만 말한 것이다.

166 삼관三觀이란, 자비관慈悲觀, 부정관不淨觀, 인연관因緣觀이다.

167 수승한 뜻(승의勝義)이라고 한 것은 곧 제일의실단第一義悉檀이니, 똑같이 무거운 사람이라면 반드시 하여금 이 수승한 뜻을 관찰하게 한다고 한 것은 그 무거운 사람은 선법을 생기하는 것을 갑자기 꾸짖는 것은 불가不可한 까닭으로 반드시 먼저 하여금 탐욕 등이 다 이 도道임을 관찰하게 한 연후에 선법을 생기하게 하는 것이 이에 쉬운 것이다. 역시 『잡화기』의 말이다.

168 등等이란, 진嗔·치痴가 도道라고 가르치는 것을 등취等取함이다.

169 선법을 생기하는 것으로써 사람을 교화할 것이라고 한 것은 또한 마땅함을 따라 사람을 위하는 것이 있는 까닭으로 가리는 것이다. 그러나 이 가운데 유독 세계실단만 없다. 역시 『잡화기』의 말이다.

것이 되는 것이니

세 가지 고통을 설한다고 한 것은 내지 비비상천이라도 행고行苦[170]가 따르는 바인 까닭이다.

열 번째는 사실이 고요함을 좋아하는 사람은 하여금 진리가 고요함을 이루게 하고, 만약 공적空寂[171]에 빠진 사람이라면 하여금 사실의 작용을 이루게 하는 것이다.

보살이 이와 같이라고 한 이하는 근기의 마땅함을 따라 설하는 것을 모두 맺는 것이다.

鈔

釋此四分은 具如雜集第十三者는 然此論에 建立補特伽羅가 略有七種하니 謂病行差別故며 出離差別故며 任持差別故며 方便差別故며 果差別故며 界差別故며 修行差別故라하니 今當病行差別이라 自有七種하니 一은 貪行이요 二는 瞋行이요 三은 癡行이요 四는 慢行이요 五는 尋伺行이요 六은 等分行이요 七은 薄塵行이라 言貪行補特伽羅者는 謂有猛利長時貪欲이니(標也) 雖於下劣可愛境界라도 而能發起上品貪欲하고(此釋猛利) 起即長時無有斷滅이라(此釋長時) 如貪行者하야 乃至尋伺行者도 亦爾하야 各隨自境하야 猛利長行하나

---

170 행고行苦란, 고고苦苦는 욕계欲界이고, 괴고壞苦는 색계色界이고, 행고行苦는 무색계無色界이다.

171 공적空寂이란, 이적理寂이요 이체理體이다.

니 如理配釋이니라 等分補特伽羅者는 謂住自性煩惱니 遠離猛劣하고 住平等境煩惱故로 隨境勢力하야 煩惱現行故라하니라 釋曰猛揀前五요 劣揀第七이라 住平等境은 釋成自性이요 隨境勢力하야 煩惱現行은 釋自性煩惱니 謂勝境엔 貪心卽增하고 劣境엔 貪心則下니라 不同前五가 於下劣境에 起上品貪等하고 亦猶顔回怒不遷等이라 或與境等일새 名爲等分이라하며 又於所起에 無偏勝劣일새 故云等也라하니라 論云薄塵行補特伽羅者는 謂住自性位의 薄煩惱니 如前所說한 自性位의 煩惱相이나 今此煩惱가 望彼微薄故니라 雖於增上의 所緣境界라도 而微薄性의 煩惱現行일새 昔所修習한 勝對治力으로 所推伏故라하니라 釋曰非如前等分이 等於前境하야 境勝則貪重等하니라 今勝亦劣일새 故不同前이니 則父母之讐라도 亦無加報니라

이 사분을 해석한 것이라고 한 것은 『잡집론』제십삼권에 갖추어 설한 것과 같다고 한 등은 그러나 이 『잡집론』에 보특가라補特伽羅[172]를 건립한 것이 간략하게 일곱 가지가 있나니,
말하자면 병행病行[173]이 차별한 까닭이며
벗어나는 것이 차별한 까닭이며
머물러 가지는 것이 차별한 까닭이며
방편이 차별한 까닭이며
과보가 차별한 까닭이며

---

172 보특가라補特伽羅란, 중생衆生이다.
173 병행病行이란, 중생衆生의 죄업罪業에 비유함이다.

세계가 차별한 까닭이며

수행이 차별한 까닭이다 하였으니,

지금에는 병행이 차별하다고 함에 해당하는 것이다.

보특가라에 스스로 일곱 가지가 있나니

첫 번째는 탐욕을 행하는 보특가라요

두 번째는 성냄을 행하는 보특가라요

세 번째는 어리석음을 행하는 보특가라요

네 번째는 교만을 행하는 보특가라요

다섯 번째는 찾아 사유를 행하는 보특가라요

여섯 번째는 똑같은 분[174]을 행하는 보특가라요

일곱 번째는 작고 엷은 번뇌를 행하는 보특가라이다.

탐욕을 행하는 보특가라라고 말한 것은 말하자면 맹리하게 장기간 탐욕이 있는 것이니(한꺼번에 표한 것이다),

비록 가히 좋아할 경계가 하열할지라도 능히 상품의 탐욕을 일으키고(이것은 맹리함을 해석한 것이다) 일어남에 곧 장시간 끊어져 사라짐이 없는 것이다(이것은 장시간을 해석한 것이다).

탐욕을 행하는 사람과[175] 같아서 내지 찾아 사유를 행하는 사람도 또한 그러하여 각각 자기의 경계를 따라 맹리하게 장시간토록 행[176]하

---

174 원문에 六에 等分이란, 맹리猛利하고 하열下劣함을 같은 등분(分)으로 하는 것이다.

175 원문에 탐행보특가라貪行補特伽羅 운운은 『잡집론雜集論』의 말이다.

176 장행이라 한 행行은 본론에 시時 자로 되어 있다. 역시 『잡화기』의 말이다.

나니

이치와 같이 배대하여 해석할 것이다.

똑같은 분을 행하는 보특가라라고 한 것은 말하자면 자성의 번뇌에 머무는 것이니,

맹렬하고 하열함을 멀리 여의고 평등한 경계[177]의 번뇌에 머무는 까닭으로 경계의 세력을 따라 번뇌가 현재 행하여지는 까닭이다 하였다.

해석하여 말하면 맹렬하다고 한 것은 앞에 다섯 가지 행과 다름을 가리는 것이요

하열하다고 한 것은 제 일곱 번째 행과 다름을 가리는 것이다.

평등한 경계에 머문다고 한 것은 자성을 해석하여 성립하는 것이요

경계의 세력을 따라 번뇌가 현재 행하여진다고 한 것은 자성의 번뇌를 해석한 것이니,

말하자면 수승한 경계에는 탐욕심이 곧 더욱 수승하고 하열한 경계에는 탐욕심이 곧 하열한 것이다.

앞에 다섯 가지 행의 사람이 하열한 경계에 상품의 탐욕심을 일으키는 등과는 같지 않고, 또한 오히려 안회가 성이 나도 옮기지 않는 등[178]과는 같다[179] 하겠다.

---

177 등경이라 한 경境 자는 본론에 위位 자로 되어 있다.

178 등等이란, 不貳過 云云을 등취한 것이니 不貳의 貳 자는 復 자의 뜻이다. 허물을 거듭하지 않는다, 두 번 다시 하지 않는다는 뜻이다. 貳는 '거듭할 이, 두 이' 자이다.

혹¹⁸⁰ 경계로 더불어¹⁸¹ 같기에 이름을 똑같은 분이라 하며
또 일으키는 바에 편중된 수승함도 편중된 하열함도 없기에 그런
까닭으로 말하기를 똑같은 분이라 한다 하였다.

179 또한 안회가 성이 나도 옮기지 않는 등과는 같다고 한 것은 말하자면 이
수승한 경계에 상품의 번뇌를 일으키고 하열한 경계에 하품의 번뇌를 일으켜
가히 서로 옮기지 않는 것이 예컨대 안회가 갑甲에게 성이 나도 곧 을乙에게
옮기지 않는다고 한 등과 같다. 『논어』에 말하기를 안회가 배우기를 좋아하여
성이 나도 옮기지 않고 허물을 거듭하지 않는다 하였으며, 그 주註에 말하기를
천遷은 이移의 뜻이고 이貳는 부復의 뜻이니, 갑자甲者에게 성이 난 것을
을자乙者에게 옮기지 않고 전자前者의 허물을 후자後者에게 거듭하지 않는다
하였다. 역시 『잡화기』의 말이다. 갖추어 말하면 『논어』 제육권 옹야편雍也篇
이니, 애공哀公이 공자에게 묻기를 제자 가운데 누가 학문을 좋아합니까.
공자가 대답하기를 안회라는 사람이 있어 학문을 좋아하여 성이 나도 옮기지
않고 허물을 거듭하지 않더니 불행하게 단명하여 죽었다. 지금에는 곧
죽고 없으니 아직 학문을 좋아하는 사람을 듣지 못했다 하였다.
　원문은 이렇다. 顔回 云云은 『論語』第六卷 雍也篇이니 哀公問호대 弟子孰
爲好學이닛가 孔子對曰호대 有顔回者好學하야 不遷怒하고 不貳過러니 不
幸短命死矣라 今也則亡하니 未聞好學者也니라
180 或은 惑 자가 좋다. 그렇다면 번뇌가 경계로 더불어라고 해석할 것이다.
181 혹 경계로 더불어 운운한 것은, 이 위에서는 그 뜻을 통석하였고 여기서는
곧 등等이라는 글자를 별석한 것이니, 처음에는 경계로 더불어 같은 것이니
곧 위에 해석한 바 뜻이지만 다만 바로 아래 우어又扵라는 글자를 상대하여
혹或이라는 말을 이루는 것이다. 또 혹或이라는 글자는 혹惑 자의 잘못이고,
우어又扵라고 한 아래는 뒤에 번뇌의 모습이 같다는 것이다. 이상은 『잡화
기』의 말이다.

『잡집론』에 말하기를 작고 엷은 번뇌를 행하는 보특가라라고 한
것은 말하자면 자성의 지위에 엷은 번뇌에 머문 것이니,

앞에서[182] 말한 바[183] 자성의 지위에 번뇌의 모습과는 같지 않지만
지금에 이 번뇌가 저 앞[184]의 번뇌를 바라봄에 작고 엷은 까닭이다.

비록 증상연의 반연할 바 경계라도 작고 엷은 자성의 번뇌가 현재
행하여지기에 옛날에 닦아 익힌 바[185] 수승한 대치력으로 최복하는
바인 까닭이다 하였다.

해석하여 말하면 앞에 똑같은 분을 행하는 사람이 앞의 경계와
평등하여 경계가 수승하면 곧 탐욕이 무겁다고 한 등과는 같지
않는 것이다.

지금에는 수승한 경계도 또한 하열하기에 그런 까닭으로 앞의 행과
는 같지 않나니,

곧 부모의 원수라도 또한 과보를 더하지 않는 것이다.

又上有七거늘 經多說四者는 取其三毒이 爲不善根故며 等分之中에
攝餘三故니라 故云等分에 分其輕重하니 輕卽薄塵이요 重卽正是等
分이라 旣等於境이나 望於薄塵일새 故爲重耳니라 又等皆相似는 無

---

182 원문에 如前의 如 자 위에 非 자가 있어야 한다.
183 앞에서 말한 바 운운은 다만 하열한 경계를 바라봄에 아래 번뇌(下惑)의
일변一邊만 일으켜 같다고 가리킨 것뿐이다. 역시 『잡화기』의 말이다.
184 앞이란, 곧 등분번뇌等分煩惱니 곧 자성번뇌自性煩惱이다.
185 옛날에 닦아 익힌 바 운운한 것은 그 뜻에 말하기를 옛날에 이미 최복한
까닭으로 지금에 작고 엷은 번뇌를 얻은 것이라고 『잡화기』는 말한다.

有勝劣이요 前三은 則有互增之義니라 五에 求人天樂이 爲樂生死者
는 恐有難云호대 誰復樂死고할새 故今答云호대 所謂樂生은 以生必
死故요 人天之樂은 是生死中事故라하니라 樂事寂者는 卽爲人意요
下卽對治니라

또 위에 『잡집론』에는 일곱 가지가 있었거늘 지금 경에는 다분히
네 가지[186]만 설한 것은 그 삼독이 불선근不善根이 됨을 취한 까닭이며
똑같은 분 가운데 나머지 세 가지[187]를 섭취한 까닭이다.
그런 까닭으로 똑같은 분을 말함[188]에 그것이 똑같이 가볍고 똑같이
무거운 것으로 나누었으니
똑같이 가볍다고 한 것은 곧 엷은 번뇌요
똑같이 무겁다고 한 것은 곧 바로 똑같은 분이다.

---

186 네 가지란, 탐貪·진嗔·치痴·등분等分이다.
187 원문에 여삼餘三이란, 삼독三毒과 등분等分 외에 나머지 세 가지를 말한다.
188 그런 까닭으로 똑같은 분(等分)을 말한다고 한 것은 나머지 세 가지를 섭취한
까닭으로 이 똑같은 분이라는 이름을 세운 것을 말하는 것이 아니라 이것은
다만 똑같은 분이라는 이름만 세운 것이고 바로 아래 그것이 똑같이 가볍고
똑같이 무거운 것으로 나누었다고 한 아래는 바로 섭취하는 뜻을 밝힌
것이니 그 가운데 처음에는 경계로 더불어 똑같음을 잡아 섭취함을 밝힌다면
곧 하열한 경계로 더불어 같은 변邊으로는 이것은 엷은 번뇌이니 곧 이미
섭취한 것이요 수승한 경계로 더불어 같은 변邊으로는 바로 이것은 똑같은
분이니 곧 이것은 만慢과 그리고 심사尋伺가 저것이 다 맹리猛利하여 삼독으
로 더불어 같음을 섭취하는 것이다. 역시 『잡화기』의 말이다.
똑같은 분을 말함이란, 영인본 화엄 6책, p.280, 2행 소문疏文이다.

이미 경계가 똑같지만[189] 엷은 번뇌를 바라기에 그런 까닭으로 무겁다고 한 것일 뿐이다.

또 똑같다고[190] 한 것은[191] 다[192] 서로 같다고 한 것은 수승한 경계도 하혈한 경계도 없다는 것이요
앞에 세 가지[193]는 곧 서로 더 수승한 뜻이 있다는 것이다.

다섯 번째 인간과 천상의 즐거움을 구하는 것이 생사를 좋아하는 것이 된다고 한 것은 어떤 사람이 비난하여 말하기를 누가 다시

---

189 이미 경계가 똑같지만 운운한 것은 무겁다는 것이 똑같은 분의 뜻이 됨을 해석한 것이니, 그 뜻에 말하기를 엷은 번뇌는 비록 수승한 경계이지만 다만 이것을 하열한 경계라 할 뿐이거니와, 똑같은 경계는 이미 똑같은 경계이지만 수승한 인연을 만난즉 번뇌가 무거움을 따르는 까닭으로 엷은 번뇌를 바라봄에 무거움이 되는 것이니, 분명히 알아라. 무거운 것이 똑같은 분이 되는 것이다. 역시 『잡화기』의 말이다.

190 원문에 又等 운운은, 영인본 화엄 6책, p.280, 3행이다.

191 또 똑같다고 한 아래는 뒤에 번뇌가 서로 같음을 잡아 섭취함을 밝힌 것이니 이것은 곧 칠행七行 가운데 오직 앞에 세 가지만 서로 더 수승한 뜻이 있고 나머지는 똑같은 분으로 더불어 똑같이 다 상사하여 수승하고 하열함이 없는 까닭으로 똑같은 분 가운데 이미 만慢과 심사尋의 엷은 번뇌를 섭취한 것이니 이것은 전래에 해석한 바를 바라본다면 따로 한 가지 뜻이라 하겠다. 역시 『잡화기』의 말이다.

192 원문에 皆 자는 소문疏文에는 謂 자이다.

193 원문에 前三이란, 곧 탐貪·진瞋·치痴다. 지금 여기는 등분等分을 말하고 있으니 가히 알 수 있을 것이다.

죽음을 좋아하는가 할까 염려하기에 그런 까닭으로 지금에 답하여 말하기를 말하자면 생사[194]를 좋아한다고 한 것은 태어나면 반드시 죽는 까닭이요

인간과 천상의 즐거움이라고 한 것은 이것은 생사 가운데 일인 까닭이다 하였다.

사실이 고요함을 좋아하는 사람이라고 한 것은 곧 사람을 위하는 뜻이요

이 아래는 곧 상대하여 다스리는 것이다.

---

194 원문에 生 자 아래에 死 자가 있어야 한다.

爲說法時에 文相連屬하고 義無舛謬하며 觀法先後하고 以智分
別하며 是非審定하고 不違法印하며 次第建立無邊行門하고 令
諸衆生으로 斷一切疑하며 善知諸根하고 入如來敎하며 證眞實
際하고 知法平等하며 斷諸法愛하고 除一切執하며 常念諸佛하야
心無暫捨하고 了知音聲의 體性平等하며 於諸言說에 心無所著
하고 巧說譬諭나 無相違反하며 悉令得悟一切諸佛이 隨應普現
하는 平等智身하나니

법을 설할 때에 글이 서로 연속하고 뜻이 그릇됨이 없으며
법의 선후를 관찰하고 지혜로써 분별하며
시비를 살펴 결정하고 법인을 어기지 아니하며
끝없는 행문을 차례로 건립하고 모든 중생으로 하여금 일체 의심을
끊게 하며
모든 근성을 잘 알고 여래의 가르침에 들어가며
진실한 경계를 증득하고 법의 평등함을 알며
모든 법의 애착을 끊고 일체 집착을 제멸하며[195]
항상 모든 부처님을 생각하여 마음에 잠시도 버리지 않고 음성의
체성이 평등함을 요달하여 알며
모든 언설에 마음이 집착하는 바가 없고 교묘하게 비유를 설하지만

195 원문에 제법諸法이라 한 그 법法은 진실眞實의 법法이고, 일체집一切執이라
    한 그 집執은 인법人法의 집執이다.

서로 위반함이 없으며

다 하여금 일체 모든 부처님이 응함을 따라 널리 나타내는 평등한 지혜의 몸을 깨달아 얻게 하나니

疏

二에 爲說法時下는 明具德成益이라 有十句十對하니 一은 文連義正이요 二는 法智無差니 卽依法不依人하며 依智不依識이요 三은 審定無違니 卽依了義經하고 不依不了義經이요 四는 立法義故로 能遍斷疑요 五는 了物根故로 入於佛敎요 六은 寂契眞際하고 照法性源이요 七은 斷眞法愛하고 除人法執이요 八은 念佛了音이요 九는 亡言巧說이니 雖無說無示나 善順宗因이요 十은 令悟隨宜하야 終歸平等이니 卽說之益이라

두 번째 법을 설할 때라고 한 아래는 공덕을 갖추어 이익을 이루는 것을 밝힌 것이다.

열 구절에 십대十對가 있나니

첫 번째는 글이 연속하고 뜻이 바른 것이요

두 번째는 법과 지혜가 차별이 없는 것이니

곧 법을 의지하고 사람을 의지하지 아니하며 지혜를 의지하고 분별(識)을 의지하지 않는 것이요

세 번째는 살펴 결정하고 어기지 않는 것이니

곧 요의경을 의지하고 불요의경을 의지하지 않는 것이요

네 번째는 법과 뜻[196]을 세우는 까닭으로 능히 두루 의심을 끊는 것이요

다섯 번째는 중생의 근성을 아는 까닭으로 부처님의 가르침에 들어가는 것이요

여섯 번째는 고요히 진실한 경계에 계합하고 법성의 근원을 비추는 것이요

일곱 번째는 진실한 법에 애착을 끊고 인법人法에 집착을 제멸하는 것이요[197]

여덟 번째는 부처님을 생각하고 음성을 아는 것이요

아홉 번째는 말을 잊고 교묘하게 설하는 것이니

비록 설한 적도 없고 시현한 적도 없지만 종인宗因에 잘 순하는 것이요

열 번째는 하여금 마땅함을 따라 마침내 평등에 돌아감을 깨닫게 하는 것이니

곧 법을 설하는 이익이다.

鈔

一에 文連義正者는 卽依義不依文也니 疏에 以文義顯故로 更不釋之리라 第二句中에 有其兩對하니 卽依法不依人과 依智不依識이니

---

196 법法과 뜻(義)은 곧 경문經文의 무변행문無邊行門이다.
197 제칠第七은 제육第六에 진실제眞實際에 계합한다는 것도 애착이니 그 애착도 끊는다는 것이다. 진실제眞實際나 진실법眞實法이나 같은 말이다.

具法四依也니라 卽淨名經法供養品에 而以義語智識과 了義不了
義와 人法으로 而爲其次하니 四依之義를 三門分別하리라 一은 釋名
이요 二는 出體요 三은 次第라 初釋名者는 義爲所詮이니 憑之起行일
새 是故應依요 敎雖詮理나 要須忘言이니 言非義故니라 智無分別하
야 能決斷故니 是以應依요 識爲了別하야 能起於染著일새 故不應依
니라 依了義經하고 不依不了義者는 顯實分明이 名爲了義니 憑之起
解일새 是故應依요 隱覆有餘가 名非了義니 令人執滯일새 故不應依
니라 託法起行일새 是故須依요 不隨人情일새 故不依人이라 然了義
經等이 乃有多門하니 一은 法印非印門이니 與無常寂靜과 無我三印
으로 相應은 以爲了義요 不與相應은 卽非了義니라 二는 大小乘門이
니 小乘三印은 亦非了義요 大乘方了니 如七善知中說하니라 又涅槃
第六云호대 若說如來가 無常變易인댄 名爲不了요 若說如來가 常住
不變인댄 是名爲了라하니라 三은 顯密門이니 密意宣說은 名爲不了
요 顯了說者는 卽名爲了니라 四는 又於大乘에 言未周悉은 名爲不了
요 周備爲了니 此上四門에 初一은 令物捨邪歸正이요 二는 捨小歸大
요 三은 捨密就顯이요 四는 令尋詮하야 使義周備라 二에 出體者는
初一은 所詮이니 通事通理요 二는 卽能證이니 通根本後得이요 三은
約能詮이니 通詮上二요 四는 約能說이니 忘情取法이라 三에 次第者
는 卽以上義로 以爲次第라 餘可思也니라 七에 斷眞法愛者는 謂眞實
觀智는 理事無違니 心生愛著하면 便不證實이라 故諸聖人이 少有所
念하면 不得聖果리라

첫 번째 글이 연속하고 뜻이 바르다고 한 것은 곧 뜻을 의지하고

글을 의지하지 않는다는 것이니,

소문에 글과 뜻이 나타난 까닭으로 다시 해석하지 않겠다.

제 두 번째 구절 가운데 두 가지 상대가 있나니,

곧 법을 의지하고 사람을 의지하지 않는다는 것과 지혜를 의지하고

분별을 의지하지 않는다는 것이니 법사의法四依를 갖추었다.

곧 『정명경』 법공양품에 뜻과 말과 지혜와 분별과 요의와 불요의와

사람과 법으로써 차례를 삼았으니,

사의四依의 뜻을 삼문으로 분별하겠다.

첫 번째는 이름을 해석한 것이요

두 번째는 자체를 설출한 것이요

세 번째는 차례이다.

처음에 이름을 해석한 것이라고 한 것은 그 뜻이 소전所詮이 되는

것이니,

그것을 의지하여 행을 일으키기에 그런 까닭으로 응당 의지할 것

이요

교敎가 비록 진리를 설명한 것이지만 반드시 말이 없음을 수구하나니

말은 뜻이 아닌 까닭[198]이다.

지혜는 분별이 없어서 능히 결단하는 까닭이니 이것은 응당 의지할

것이요

분별은 요별하여 능히 염착을 일으키기에 그런 까닭으로 응당 의지

---

198 원문에 의고義故 아래에 북장경에는 고불응의故不應依라는 말이 있나니
  옳다 하겠다.

하지 말 것이다.

요의경을 의지하고 불요의경을 의지하지 않는다고 한 것은 진실을
분명하게 나타낸 것이 이름이 요의경이 되는 것이니,
그것을 의지하여 지혜를 일으키기에 이런 까닭으로 응당 의지할
것이요
덮어 남음이 있는 것이 이름이 비요의경이니,
사람으로 하여금 집착하여 막히게 하기에 그런 까닭으로 응당 의지
하지 말 것이다.
법을 의지하여 행을 일으키기에 이런 까닭으로 반드시 법을 의지할
것이요
사람의 정을 따르지 않기에 그런 까닭으로 사람을 의지하지 말
것이다.
그러나 요의경 등이 이에 수많은 문이 있나니
첫 번째는 법인이 인印이 아닌 문이니,
무상과 적정과 무아의 삼법인으로 더불어 상응하는 것은 요의경이
되고, 더불어 상응하지 않는 것은 곧 비요의경이 되는 것이다.
두 번째는 대승과 소승의 문이니,
소승의 삼법인은 또한 비요의경이요
대승은 바야흐로 요의경이니 칠선지七善知[199] 가운데[200] 설한 것과

---

199 칠선지七善知란, 한글대장경 53, 열반부 1에 『대반열반경』 14권 初, p.269,
상단上段에 있다. 그리고 대승大乘·소승小乘의 이야기는 p.272, 하단下段에
있다. 영인본 화엄경으로는 此 6권, p.9, 4행에 자세히 설출說出하였다.

같다.[201]

또『열반경』제육권에 말하기를 만약 여래가 무상하여 변역한다고
말한다면 이름이 불요의경이 되고, 만약 여래가 상주하여 변역하지
않는다고 말한다면 이것은 이름이 요의경이 되는 것이다 하였다.
세 번째는 현교와 밀교의 문이니,
비밀한 뜻으로 선설하는 것은 이름이 불요의경이 되고, 드러나
아는 것으로 선설하는 것은 곧 이름이 요의경이 되는 것이다.
네 번째는 또 대승에 말이 두루 다하지 못한 것은 이름이 불요의경이
되고 두루 갖춘 것은 요의경이 되는 것이니,
이 위에 네 가지 문에 처음에 한 문은 중생으로 하여금 사법을
버리고 정법에 돌아가게 하는 것이요
두 번째는 소승을 버리고 대승에 돌아가게 하는 것이요

즉『열반경涅槃經』제십오권, 범행품梵行品 第八의 一에 住七善法하야 得具
梵行이라 하였다. 此 華嚴 범행품梵行品에서 저 涅槃 범행품梵行品을 인용하
였다.
200 知中 아래에 說 자가 빠졌다.
201 칠선지七善知란, 제구第九 선혜지善彗地 설성취說成就 가운데 소에 이르기를
(疏云), 涅槃經云호대 具七善知를 名大法師라 하였다.
『涅槃經』第十五卷, 梵行品 第八의 一에 住七善法하야 得具梵行하니 一은
知法이요 二는 知義요 三은 知時요 四는 知足이요 五는 自知요 六은 知衆이요
七知尊卑라하고(사람의 높고 낮음), 於尊卑中說호대 思義有二하니 一은 如說
行이요 二는 不如說行이라 如說行有二하니 一은 求小乘하고 不能利安饒益
一切苦惱衆生이요 二는 迴向無上大乘하야 利益多人하야 令得安樂이라 한
것이다.

세 번째는 밀교를 버리고 현교에 나아가게 하는 것이요

네 번째는 하여금 능전을 찾아 뜻으로 하여금 두루 갖추게 하는 것이다.

두 번째 자체를 설출한 것이라고 한 것은 처음에 한문은 소전이니 사실에 통하고 진리에 통하는 것이요

두 번째는 곧 능증能證이니 근본지와 후득지에 통하는 것이요

세 번째는 능전을 잡은 것이니 능전상에 현교와 밀교의 두 가지에 통하는 것이요

네 번째는 능설能說[202]을 잡은 것이니 망정을 잊고 법을 취하는 것이다.

세 번째 차례라고 한 것은 곧 위에 뜻[203]으로써 차례를 삼는 것이다. 나머지는 가히 생각할 것이다.[204]

일곱 번째 진실한 법에 애착을 끊는다고 한 것은 말하자면 진실로

---

202 능설能說이라고 한 것은 법을 의지하는 것(의법依法)이니, 이것은 능설의 분상에 나아가 말한 까닭이다. 역시 『잡화기』의 말이다.

203 위에 뜻이라고 한 것은 자체를 설출한 가운데 뜻을 가리킨 것이니, 차례를 이루는 까닭은 세심하게 볼 것이다.

원문에 上義란, 二에 出體니, 즉 出體의 차례이다.

204 원문에 여가사야餘可思也라고 한 것은, 十 가운데 나머지 八·九·十은 해석하지 않은 까닭이다. 이 말은 초문鈔文의 끝에 있어야 옳을 듯하다. 즉 부득성과 不得聖果 아래에 있어야 옳다는 말이다.

관찰하는 지혜는 진리와 사실이 어김이 없나니,
마음에 애착을 낸다면 곧 진실한 법을 증득할 수 없는 것이다.
그런 까닭으로 모든 성인이 조금이라도 생각하는 바가 있었다면
성인의 과보를 얻을 수 없었을 것이다.

經

菩薩이 如是爲諸衆生하야 而演說法하고 則自修習하야 增長義
利하대 不捨諸度하야 具足莊嚴波羅蜜道하니라

보살이 이와 같이 모든 중생을 위하여 법을 연설하고 곧 스스로
닦아 익혀 의리義利를 증장하지만 모든 바라밀을 버리지 아니하여
바라밀의 도를 구족하게 장엄합니다.

疏

第七에 菩薩如是下는 答恒不捨離諸波羅蜜問이라 於中二니 先
은 結前生後니 則正說法時도 便具十度하고 設自修時도 亦爲利
他하나니 一向大悲가 了平等故니라 通至佛果일새 故皆名道라

제 일곱 번째 보살이 이와 같이라고 한 아래는 항상 모든 바라밀을
버리지[205] 않느냐고 물은 것을 답한 것이다.
그 가운데 두 가지가 있나니
먼저는 앞에 말을 맺고 뒤에 말을 일으키는 것이니,
곧 바로 법을 설할 때라도 문득 십바라밀을 구족하고 설사 스스로
이 십바라밀을 닦을 때[206]라도 또한 다른 사람을 이롭게 하나니
한결같이 대비가 평등함을 알게 하는 까닭이다.

---

205 원문에 離 자는 영인본 화엄 6책, p.237, 4행엔 없다.
206 원문에 此 자는 時 자의 잘못이다.

모두 부처님의 과위에 이르게 하기에 그런 까닭으로 다 이름을 도라 한다 하였다.

鈔

設自修此等者는 以此章門엔 標說法時에 不捨諸度라하고 而下釋相엔 於諸佛所에 聞法近友等이라하야 亦有不因說法所成일새 故爲此通이니 設自修時라도 亦爲衆生은 則不違躡前하야 隨所應化하야 常爲說法이라

설사 스스로 이 십바라밀을 닦을 때라도라고 한 등은 이 장문章門에는 법을 설할 때 모든 바라밀을 버리지 않는다고 표하고, 아래 바라밀의 모습을 해석하는 데는[207] 모든 부처님의 처소에서[208] 법을 듣고 선지식을 친근하는 등이라 하여 또한 법을 설함을 원인하지 않고 이루는 바가 있기에 그런 까닭으로 이 통석을 한 것이니,
설사 스스로 이 십바라밀을 닦을 때라도 또한 중생을 위하는[209]

---

207 아래 바라밀의 모습을 해석하는 데는 운운한 것은, 지금 소문에 십바라밀이 다 이것은 바로 설할 때와 닦는 바가 곧 원래 이 이타利他이지만, 또한 자리自利가 있는 까닭으로 아래 바라밀의 모습을 해석하는 가운데 모든 부처님의 처소 등이라 말하는 까닭이니, 말하자면 두 가지 이익이 평등한 것이다. 역시 『잡화기』의 말이다.

208 모든 부처님의 처소에서 운운한 것은, 영인본 화엄 6책, p.307, 1행이다.

209 원문에 역위중생亦爲衆生이라고 한 것은 소문疏文엔 역위이타亦爲利他라 하였다.

것이라고 한 것은 곧 앞에 말을 밟아 응당 교화할 바를 따라 항상
법을 설한다고 함에 어기지 않는 것이다.

經

是時菩薩이 爲令衆生으로 心滿足故로 內外悉捨나 而無所著하
나니 是則能淨檀波羅蜜이니라

이때에 보살이 중생으로 하여금 마음을 만족케 하기 위한 까닭으로
안과 밖으로 다 버리지만 집착하는 바가 없나니,
이것은 곧 능히 보시바라밀을 청정케 하는 것입니다.

疏

二에 是時下는 正示不捨度相이라 十度卽爲十段이니 皆先辨相이
요 後에 是則下는 結名이라 前四辨相中에 先은 辨施等相이요 後에
無著等은 辨波羅蜜相이라

두 번째 이때라고 한 아래는 바라밀의 모습을 버리지 못하는 것을
바로 보인 것이다.
십바라밀이 곧 십단이 되나니,
다 먼저는 바라밀의 모습을 분별한 것이요
뒤에 이것은 곧 능히라고 한 아래는 바라밀의 이름을 맺는 것이다.
앞에 네 가지 바라밀의 모습을 분별하는 가운데 먼저는 보시 등의
모습을 분별한 것이요
뒤에 집착하는 바가 없다고 한 등은 바라밀의 모습을 분별한 것이다.

經

具持衆戒나 而無所著하야 永離我慢하나니 是則能淨尸波羅蜜
이니라

수많은 계율을 갖추어 가지지만 집착하는 바가 없어서 영원히
아만을 떠났으니
이것은 곧 능히 지계바라밀을 청정케 하는 것입니다.

疏

檀戒可知라

보시와 지계는 가히 알 수가 있을 것이다.

經

悉能忍受一切諸惡이나 於諸衆生에 其心平等하야 無有動搖가
譬如大地가 能持一切하나니 是則能淨忍波羅蜜이니라

다 능히 일체 모든 악한 것을 참고 받아들이지만 모든 중생에게
그 마음이 평등하여 동요함이 없는 것이 비유하자면 대지가 능히
일체 모든 것을 가지는 것과 같나니
이것은 곧 능히 인욕바라밀을 청정케 하는 것입니다.

疏

三에 忍中諸惡은 通於內外라 其心下는 契理平等일새 成波羅蜜
이라

세 번째 인욕바라밀 가운데 모든 악한 것이라고 한 것은 안과 밖에
통하는 것이다.
그 마음이 평등하다고 한 아래는 진리에 계합하여 평등하기에 바라
밀을 이루는 것이다.

經

普發眾業하야 常修靡懈하며 諸有所作에 恒不退轉하며 勇猛勢
力을 無能制伏하며 於諸功德을 不取不捨하야 而能滿足一切智
門하나니 是則能淨精進波羅蜜이니라

널리 수많은 업을 일으켜 항상 수행하고 게으르지 아니하며
삼유에서 짓는 바에 항상 물러나지 아니하며
용맹한 세력을 능히 제복할 수 없으며
모든 공덕을 취하지도 않고 버리지도 않아서 능히 일체 지혜의
문을 만족하나니
이것은 곧 능히 정진바라밀을 청정케 하는 것입니다.

疏

四에 精進中普發眾業은 是無餘修요 亦利樂勤이라 常修靡懈는
是長時修요 恒不退轉은 是無間修니 上卽加行勤也라 勇猛莫制
는 是勇捍修요 亦被甲勤이라 於諸已下는 是顯度相이라

네 번째 정진 가운데 널리 수많은 업을 일으킨다고 한 것은 이것은
무여수행(無餘修)이요
또한 이락정진(利樂勤)이다.[210]

---

210 원문에 무여수無餘修와 역이락근亦利樂勤이란, 사수四修 가운데 하나인 무여

항상 수행하고 게으르지 않는다고 한 것은 이것은 장시수행(長時修)
이요

항상 물러나지 않는다고 한 것은 이것은 무간수행(無間修)이니,
이상은 곧 가행정진(加行勤)이다.

용맹한 세력을 제복할 수 없다고 한 것은 이것은 용한수행(勇捍修)
이요

또한 피갑정진(被甲勤)이다.

모든 공덕이라고 한 이하는 이것은 육바라밀의 모습을 나타낸 것
이다.

鈔

四에 精進中等者는 此中엔 攝於四修와 及三精進일새 故疏雙配니
細尋可知니라

수無餘修와 삼정진三精進 가운데 하나인 이락정진(利樂勤)이니 사수四修와
삼정진三精進은 아래 말한 것과 같다.

사수四修는 무여수無餘修, 장시수長時修, 무간수無間修, 용한수勇捍修(사전엔
尊重修라 하였다)이다. 장시수長時修는 삼아승지겁三阿僧祇劫을 수행修行하
는 것이다.

삼정진三精進은 이락정진(利樂勤), 가행정진(加行勤), 피갑정진(被甲勤)이다.
피갑근被甲勤은 장수가 갑옷을 입고 전쟁에 임하는 자세이니 용맹정진勇猛精
進에 비유한 것이다.

용한勇捍은 곧 용맹勇猛이다.

네 번째 정진 가운데라고 한 등은 이 가운데는 네 가지 수행과
그리고 세 가지 정진[211]을 섭수하였기에 그런 까닭으로 소문에서
함께 배속한 것이니
자세히 찾아보면 가히 알 수가 있을 것이다.[212]

---

211 세 가지 정진은 조자권調字卷 상권 47장 하, 2행을 볼 것이다. 역시 『잡화기』의
   말이다.

212 원문에 세심가지細尋可知란, 무여수無餘修는 이락근利樂勤이요 장시수長時修
   와 무간수無間修는 가행근加行勤이요 용한수勇捍修는 피갑근被甲勤이라는
   뜻인 줄 가히 알 수가 있을 것이라는 것이다.

經

於五欲境에 無所貪著하며 諸次第定을 悉能成就하며 常正思惟
하야 不住不出하며 而能銷滅一切煩惱하며 出生無量諸三昧門
하며 成就無邊大神通力하며 逆順次第로 入諸三昧하며 於一三
昧門에 入無邊三昧門하며 悉知一切三昧境界하며 與一切三昧
와 三摩鉢底와 智印으로 不相違背하며 能速入於一切智地하나
니 是則能淨禪波羅蜜이니라

오욕의 경계에 탐착하는 바가 없으며
모든 차례의 선정²¹³을 다 능히 성취하며
항상 바로 사유하여 머물지도 않고 나오지도 아니하며
능히 일체 번뇌를 소멸하며
한량없는 모든 삼매문을 출생하며
끝없는 큰 신통력을 성취하며
역순의 차례로 모든 삼매에 들어가며
한 삼매문 가운데 끝없는 삼매문에 들어가며
일체 삼매의 경계를 다 알며
일체 삼매와 삼마발저와 지인智印으로 더불어 서로 위배되지 아니
하며
능히 일체 지혜의 지위에 빨리 들어가나니
이것은 곧 능히 선정바라밀을 청정케 하는 것입니다.

213 원문에 제차제정諸次第定이란, 구차제정九次第定이다.

疏

五에 禪定中에 文有十一句하니라 一은 訶五欲이니 所以訶者는
夫禪定虛凝하야 湛猶渟海하나니 高攀聖境이라도 尙曰妄情이어
니 馳想五塵을 豈當爲道리오 云何訶之고 色如熱金丸하야 執之則
燒하고 聲如毒塗鼓하야 聞之必死하고 香如斃龍氣하야 嗅之則病
하고 味如沸熱蜜하야 舐之則爛傷하고 觸如臥師子하야 近之則嚙
하니라 此五欲者는 得之無厭이 如火益薪하야 亡國敗家하야 世世
爲害가 過於怨賊일새 故不應著이라 況菩薩은 體此卽如어니 復何
所著이리요

다섯 번째 선정 가운데 경문이 열한 구절이 있다.
첫 번째는 오욕을 꾸짖는 것이니,
꾸짖는 까닭은 대저 선정은 텅 비어 담담하기가 파도가 멈춘 바다와
같나니 높이 성인의 경계를 반연할지라도 오히려 망정이라 말할
것이어니, 오진五塵에 치달려 생각하는 것을 어찌 마땅히 도라 하겠
는가.
어떻게 꾸짖는가.[214]
색은 뜨거운 금덩이와 같아서 잡으면 곧 손이 타고,
소리는 독을 바른 북과 같아서 들으면 반드시 죽고,[215]
향기는 죽은 용의 냄새와 같아서 맡으면 곧 병이 나고,

---

214 어떻게 꾸짖는가 한 이상은 꾸짖는 까닭이고, 이하는 꾸짖는 방법이다.
215 斃는 '죽을 폐' 자이다.

맛은 끓는[216] 꿀과 같아서 핥아 맛보면 곧 헐어서 상하고,
촉감은 누워 있는 사자와 같아서 가까이 가면 곧 무는[217] 것과 같다.
이 오욕은 얻으면 싫어함이 없는 것이 마치 불에 땔나무를 더하는
것과 같아서 나라가 망하고 집이 무너져 세세생생에 해가 되는
것이 원수와 도적을 지나기에 그런 까닭으로 응당 집착하지 말아야
할 것이다.
하물며 보살은 이 오욕이 곧 여여한 줄 체달하였거니 다시 어찌
집착할 바이겠는가.

鈔

一에 訶五欲者는 卽天台止觀에 依智論諸經하야 修正道前에 立二十
五方便하니 謂一은 具五緣이요 二는 訶五欲이요 三은 棄五蓋요 四는
調五事요 五는 行五法이라 五五二十五이니 今但明訶五欲耳니라 況
菩薩下는 卽無訶相이니 直順經文의 無貪著義니라 餘之方便은 疏文
不要일새 略示其名하리라 言具五緣者는 一은 持戒淸淨이요 二는 衣
食具足이요 三은 閑居靜處요 四는 息諸緣務요 五는 近善知識이라
言棄五蓋는 前已有竟이라 調五事者는 一은 調食이니 令不飢不飽요
二는 調眠이니 不節不恣요 三은 調身이니 令不寬不急이요 四는 調息
이니 令不澁不滑이요 五는 調心이니 令不沈不擧니라 行五法者는 一
은 欲이요 二는 精進이요 三은 念이요 四는 巧慧요 五는 一心이라 並類前

---

216 沸는 '끓을 비' 자이다.
217 齧는 '깨물 교' 자이다.

後인댄 其相可知니라

첫 번째 오욕을 꾸짖는 것이라고 한 것은 곧 천태의 지관止觀에
『지도론』과 모든 경전을 의지하여 정도를 닦기 전에 이십오 방편을
세웠으니,
말하자면 첫 번째는 오연五緣을 갖추는 것이요
두 번째는 오욕을 꾸짖는 것이요
세 번째는 오개五蓋²¹⁸를 버리는 것이요
네 번째는 오사五事를 조복하는 것이요
다섯 번째는 오법五法을 행하는 것이다.
오五에 오五가 있어 이십오 방편이 되는 것이니,
지금 여기에서는 다만 오욕을 꾸짖는 것만 밝혔을 뿐이다.

하물며 보살이라고 한 아래는 꾸짖을 모습이 없다는 것이니,
바로 경문에 탐착할 것이 없다는 뜻을 따른 것이다.
나머지 방편은 소문에 필요하지 않기에 그 이름만 간략하게 현시하
겠다.

오연을 갖추었다고 말한 것은 첫 번째는 지계가 청정한 것이요,
두 번째는 의복과 음식을 구족한 것이요,
세 번째는 고요한 곳에 한가하게 사는 것이요,

---

218 오개五蓋란, 탐식貪食, 진에瞋恚, 수면睡眠, 도거掉擧, 의疑이다.

네 번째는 모든 인연의 업무를 쉬는 것이요,

다섯 번째는 선지식을 친근하는 것이다.

오개를 버린다고 말한 것은 앞[219]에 이미 두어 마쳤다.

오사를 조복한다고 한 것은 첫 번째는 음식을 조복하는 것이니

하여금 줄이지도 않고 부르지도 않게 하는 것이요,

두 번째는 수면을 조복하는 것이니

절제하지도 않고 놓아두지도 않는 것이요,

세 번째는 몸을 조복하는 것이니

하여금 관대하지도 않고 급박하지도 않게 하는 것이요,

네 번째는 숨을 조복하는 것이니

하여금 막히지도[220] 않고 흐르지도[221] 않게 하는 것이요,

다섯 번째는 마음을 조복하는 것이니

하여금 혼침하지도 않고 도거하지도 않게 하는 것이다.

오법을 행한다고 한 것은 첫 번째는 욕망이요,

두 번째는 정진이요,

세 번째는 생각이요,

네 번째는 교묘한 지혜요,

다섯 번째는 한 마음이다.

---

219 앞이란, 제 세 번째 오개五蓋를 버리는 것이라 하였다.

220 澁은 '막힐 삽' 자이다.

221 滑은 '흐를 골' 자이다.

모두 앞뒤를 비류한다면 그 모습을 가히 알 수가 있을 것이다.

疏

二는 入次第定이니 謂四禪四空과 及滅受想이 爲九次第定이라
下十地와 離世間品에 具明하니 卽一切門禪이라

두 번째는 차례로 선정에 들어가는 것[222]이니,
말하자면 사선정과 사공정과 그리고 멸수상정이 구차제정이 되는
것이다.
아래 십지품과 이세간품에 갖추어 밝혔으니 곧 일체문 선이다.

鈔

卽一切門禪者는 瑜伽三十三說호대 六度四等이 各有九門하니 謂一
은 自性이요 二는 一切요 三은 難行이요 四는 一切門이묘 五는 善士요
六은 一切種이요 七은 遂求요 八은 此世他世樂이요 九는 淸淨이라
故彼頌云호대 自性一切難과 一切門善士와 一切種遂求와 二世樂
淸淨이라하니라 又自性皆一이요 一切或二며 或三이요 難行皆三이요
一切門皆四요 善士皆五요 一切種皆六이며 或七이요 遂求皆八이요
二世樂皆九요 淸淨皆十이라 今九門靜慮者는 一에 自性者는 謂心一
境性이며 或奢摩他品이며 或毘鉢舍那品이며 或雙運道니 卽十句中

222 원문에 입차제정入次第定이라고 한 것은 차례대로 사선四禪과 사공四空과
멸수상정滅受想定에 들어가기에 차제정次第定이라 하는 것이다.

에 二三及十이라 第二에 一切禪者는 略有二種하니 一者는 世間이요 二는 出世間이라 九次第定은 通於世間이요 不住不出은 是出世間이니 亦卽第二三句攝이라 有三種者는 一者는 現法樂住禪이니 謂身心輕安하야 遠離憍擧하며 離諸愛味하야 泯一切相이요 二者는 引生功德禪이요 三은 饒益有情禪이니 如疏已配하니라 第三에 難行禪에 有三種者는 一은 已住深定하야 能引諸靜慮나 而捨彼最勝하고 生於欲界가 是第一難이니 卽經第五句요 二는 依此靜慮하야 能發種種의 超過二乘所行等持니 亦第五句라 是故疏云호대 卽難行相이라하니라 三은 依於靜慮하야 速證無上菩提니 卽第十句니 疏亦已指니라 第四에 一切門禪에 有四種者는 謂一은 尋伺俱行이요 二는 喜俱行이요 三은 樂俱行이요 四는 捨俱行이니 卽第二句攝이니 故疏已指니라

곧 일체문 선이라고 한 것은 『유가론』 삼십삼권[223]에 말하기를 육바라밀과 사섭四攝 등이 각각 구문九門이 있나니[224]

말하자면 첫 번째는 자성이요,

두 번째는 일체요,

---

223 삼십삼권이라고 한 것은 『유가론』을 기준하건대 곧 39권으로부터 43권에 이르기까지 널리 육바라밀과 사섭법 등을 설하고 있다. 그러나 지금의 이 정려靜慮는 43권에 해당하나니, 이 가운데 위에 삼三 자(三十三 가운데 위에 三 자)는 응당 사四 자라 할 것이다. 역시 『잡화기』의 말이다.

224 원문에 육도사등각유구문六度四等各有九門이라고 한 것은 영인본 화엄 6책, p.507, 1행과 영인본 화엄 5책, p.311에 잘 설출說出하였다. 특히 영인본 화엄 6책, p.507, 1행 이후에는 자세히 설명說明하고 있다.

세 번째는 행하기 어려운 것이요,

네 번째는 일체문^門이요,

다섯 번째는 좋은 스승이요,

여섯 번째는 일체 종류요,

일곱 번째는 구함을 따르는 것이요,

여덟 번째는 이 세계와 다른 세계의 즐거움이요,

아홉 번째는 청정이다.

그런 까닭으로 저 게송에 말하기를

자성과 일체와 행하기 어려운 것과

일체문과 좋은 스승과

일체 종류와 구함을 따르는 것과

두 세계[225]의 즐거움과 청정이다 하였다.

또 자성은 다[226] 하나요,

일체는 혹 두 가지며 혹 세 가지요,

행하기 어려운 것은 다 세 가지요,

일체문은 다 네 가지요,

좋은 스승은 다 다섯 가지요,

일체종류는 다 여섯 가지며 혹 일곱 가지요,

구함을 따르는 것은 다 여덟 가지요,

두 세계의 즐거움은 다 아홉 가지요,

---

225 원문에 이세二世란, 此世와 他世이다.

226 원문에 皆란, 육도六度와 사섭四攝 등을 다 말한 것이다.

청정은 다 열 가지이다.

지금에 구문九門의 정려靜慮[227]라고 한 것은 첫 번째 자성이라고
한 것은 말하자면 마음과 경계가 한 성품(心一境性)[228]이며
혹 사마타 품류이며 혹 비발사나 품류이며[229]
혹 함께 운행하는 도[230]이니,
곧 이 경의 열 구절[231] 가운데 제 두 번째 구절과 제 세 번째 구절과
그리고 제 열[232] 번째 구절이다.

제 두 번째 일체 선정이라고 한 것은 간략하게 두 가지가 있나니
첫 번째는 세간 선정이요,
두 번째는 출세간 선정이다.
경문에 구 차례의 선정[233]이라고 한 것은 세간 선정에 통하고, 머물지
도 않고 나오지도 않는다고 한 것은 이것은 출세간 선정이니

---

227 구문九門의 정려靜慮란, 구차제정九次第定이다.

228 원문에 심일경성心一境性은 심경일성心境一性이니 곧 삼매三昧이다.

229 혹 사마타 품류 운운한 것은 그 품品 자는 품류이니 사마타·비발사나에
각각 上·中·下 삼품三品이 있는 것이다. 또 영인본 화엄 6책, p.296, 4행에
정定의 자성이라 하였으니 성품性品이라 번역할 수도 있다. 비발사나는
사전에 비바사나라 하였으니 참고할 것이다.

230 원문에 쌍운도雙運道는 사마타와 비발사나를 함께 운행하는 것이다.

231 원문에 십구十句란, 십일구十一句 가운데 初一句를 제외除外한 것이다.

232 九는 十의 잘못이다.

233 원문에 구차제정九次第定은, 경문經文에는 제차제정諸次第定이라 하였다.

또한 곧 제 두 번째 구절과 제 세 번째[234] 구절에 섭속되는 것이다.

혹 세 가지[235]가 있다고 한 것은 첫 번째는 현재 법락에 머무는 선정(現在樂住禪)[236]이니,

말하자면 몸과 마음이 가볍고 편안하여 교만한 거동을 멀리 떠났으며 일체 애욕의 맛을 떠났으며 일체 모습을 끊은 것이요

두 번째는 공덕을 이끌어내는 선정이요

세 번째는 유정을 요익케 하는 선정이니,

소문에 이미 배속한 것과 같다.[237]

제 세 번째 행하기 어려운 선정에 세 가지가 있다고 한 것은 첫 번째는 이미 깊은 선정에 머물러 능히 모든 정려를 이끌어내지만 저 무색계의 가장 수승한 곳을 버리고[238] 욕계에 태어나는 것이

---

234 二 자 아래에 三 자가 있어야 옳다.

235 원문에 或三이란, 一切에 或二或三이라 한 것이다.

236 현재 법락에 머무는 선정이라고 한 것은 『선계경善戒經』 제오권 선품禪品 가운데 또한 구문九門의 정려靜慮가 있지만 여기에 말한 것으로 더불어 대동하나니, 지금의 현재 법락에 머문다고 한 것은 저 『선계경』에 말하기를 현재 법락을 받는 것이다 하고, 해석하여 말하기를 현재 법락을 받는다고 한 것은 보살이 모든 의심의 그물을 깨뜨리고 자기 마음을 고요하게 하여 멀리 떠나는 즐거움을 받되 모든 교만을 무너뜨리고 그 맛에 탐착하지 아니하여 일체 모습을 떠나는 것이 이 이름이 선정에 들어 즐거움을 받는 것이다 하였다. 그러한즉 지금에 현재 법락에 머문다고 말한 것은 말하자면 저 현재 법락에 머무름을 얻는 것이다. 역시 『잡화기』의 말이다.

237 원문에 여소이배如疏已配는 영인본 화엄 6책, p.304, 7행에 있지만 소疏를 먼저 짓고 초鈔를 뒤에 지었기에 後에 있는 것이다.

이것이 제일 어려운 것이니,

곧 이 경에 제 일곱 번째 구절[239]이요

두 번째는 이 정려를 의지하여 능히 가지가지 이승이 행하는 바에
초과하는 삼매(等持)를 일으키나니,

또한[240] 이 경에 제 다섯 번째 구절[241]이다.

그런 까닭으로 소문[242]에 말하기를 곧 행하기 어려운 모습이다 하
였다.

세 번째는 정려를 의지하여 빨리 더 이상 없는 보리를 증득하나니
곧 이 경에 제 열 번째 구절이니[243] 소문에서 또한[244] 이미 지시하였다.

---

238 저 무색계의 가장 수승한 곳을 버린다고 한 것은 『유가론』에 말하기를
저 무색계의 가장 수승한 모든 정려靜慮의 즐거움을 버리고 유정을 어여삐
여기는 까닭으로 한량없이 중생을 이익케 하는 일을 똑같이 나타내어 도리어
욕계에 태어나는 것이다 하였다. 역시 『잡화기』의 말이다.

239 원문에 차경제칠구此經第七句란, 역순차제입삼매逆順次第入三昧니 무색계최
승삼매無色界最勝三昧를 버리고 욕계欲界에 태어나기에 逆順次第入三昧라
하는 것이다.

240 역亦 자는 즉即 자의 잘못이라고 『잡화기』는 말한다.

241 원문에 제오구第五句란, 출생무량제삼매문出生無量諸三昧門이니 종종초과이
승등지種種超過二乘等持에 배속한다.

242 소문이란, 영인본 화엄 6책, p.299, 2행이다.

243 원문에 십구十句라고 한 것은 십일구十一句가 아닌가 한다. 『잡화기』는
十句 사이에 一이 빠졌다 하였으니 같은 말이다.

244 원문에 소역이지疏亦已指라고 한 것은 곧 아래 영인본 화엄 6책, p.302의
제십구의 설명이니 역시 소를 먼저 짓고 초를 지었기에 하는 말이다.

제 네 번째 일체문 선정에 네 가지가 있다고 한 것은 말하자면
첫 번째는 찾아 살피는 것을 함께 행하는 것이요,
두 번째는 기쁨을 함께 행하는 것이요,
세 번째는 즐거움을 함께 행하는 것이요,
네 번째는 버림을 함께 행하는 것이니,
곧 이 경에 제 두 번째 구절에 섭속되는 것이니 그런 까닭으로
소문에서 이미 지시하였다.[245]

第五에 善士禪에 略有五種者는 一은 無愛味니 卽三句요 餘四는 與四
等相應이니 卽第九句攝이니 所緣境界는 卽慈念衆生等故니라 第六
에 一切種者는 此靜慮에 有六種七種하니 總十三種이라 言六種者는
一은 善靜慮요 二는 無記變化靜慮요 三은 奢摩他品이요 四는 毗鉢舍
那品이요 五는 自他利에 正審思惟요 六은 能引神通과 威力功德이니
亦是第六에 引神通句며 亦通餘句니라 言七種者는 一者는 名緣靜慮
요 二는 義緣이요 三은 止相緣이요 四는 擧相緣이요 五는 捨相緣이요
六은 現法樂住요 七은 饒益他니 隨句相應하야 配之可知니라 第七에
遂求者는 滿衆生意故니 亦神通句攝이니 略有八種이라 此一段論文
稍廣일새 今義引之리라 一은 能息諸毒等이요 二는 能除衆病이며 三
은 降雨止渴이요 四는 濟諸怖畏요 五는 能施飯食이요 六은 能施資財
요 七은 能正諫誨요 八은 能正造作이니 隨應可知니라 第八에 此世他
世樂靜慮에 有九者는 一者는 神通變現으로 調伏有情靜慮요 二者는

記說變現으로 調伏有情이요 三者는 教誨變現으로 調伏有情이요 四
者는 於造惡者에 示現惡趣요 五는 於失辯者에 能施辯才요 六은 於失
念者에 能與正念이요 七者는 制造建立無顚倒論等이요 八은 於世工
巧를 能隨造作이요 九는 放光息苦니라 後二도 亦義引이니 亦隨應配
之니라 第九에 清淨禪에 有十은 下疏自配리라 餘度九門은 十行品說
하리라

제 다섯 번째 좋은 스승 선정에 간략하게 다섯 가지가 있다고 한
것은 첫 번째는 애욕의 맛이 없는 것이니
곧 이 경에 제 세 번째[246] 구절이요,
나머지 네 가지는 제 네 번째 일체문 선정에 네 가지 등[247]으로
더불어 상응하나니,
곧 이 경에 제 아홉 번째[248] 구절에 섭속되는 것이니 반연할 바
경계는 곧 자비로 중생 등을 생각하는 까닭이다.

제 여섯 번째 일체 종류의 선정이라고 한 것은 이 정려에 여섯
가지와 일곱 가지가 있나니 모두 열세 가지이다.
여섯 가지라고 말한 것은 첫 번째는 선성善性의 정려요,
두 번째는 무기성無記性이 변화하는 정려요,
세 번째는 사마타 품류의 정려요,

---

246 원문에 제삼사第三四의 四 자는 연자衍字이다.
247 원문에 사등四等이란, 제사第四에 일체문선一切門禪 가운데 네 가지이다.
248 원문에 第八의 八 자는 九 자의 오자誤字이다.

네 번째는 비발사나 품류의 정려요,

다섯 번째는 자리와 이타에 바로 살펴 사유하는 정려요,

여섯 번째는 능히 신통과 위력의 공덕을 이끌어내는 정려이니

역시 이 경에 제 여섯 번째 구절에 신통의 구절을 인용한 것이며

또한 나머지 구절에도 통하는 것이다.[249]

일곱 가지라고 말한 것은 첫 번째는 명연名緣 정려요,

두 번째는 의연義緣 정려요,

세 번째는 지상연止相緣[250] 정려요,

네 번째는 거상연擧相緣 정려요,

다섯 번째는 사상연捨相緣 정려요,

여섯 번째는 현재 법락에 머무는 정려요,

일곱 번째는 저 유정을 요익케 하는 정려이니

경문의 구절이 상응함을 따라 배속하면 가히 알 수가 있을 것이다.

제 일곱 번째 구함을 따르는 선정이라고 한 것은 중생의 뜻을 만족케 하는 까닭이니,

또한 신통의 구절에 섭속되는 것이니 간략하게 여덟 가지가 있다.

---

249 또한 나머지 구절에 통한다고 한 것은 응당히 선善과 무기無記는 제이구에 해당하고, 사마타와 비발사나는 제이구와 제삼구와 그리고 제십구에 해당하고, 정사유는 제삼구에 해당하는 것이다. 역시 『잡화기』의 말이다.

250 지상 정려와 거상 정려라고 한 것은 일곱 가지 가운데 위에 여섯 가지 가운데 세 번째와 네 번째와 같나니, 조자권 하권 16장, 상, 7행을 볼 것이다. 역시 『잡화기』의 말이다.

이 일단의 논문은 점점 넓어지기에 지금에는 그 뜻만을 인용하겠다.

첫 번째는 능히 모든 독을 쉬게 하는 등이요

두 번째는 능히 수많은 병을 제멸하는 것이요

세 번째는 비를 내려 기갈을 그치게 하는 것이요

네 번째는 모든 두려움에서 건져주는 것이요

다섯 번째는 능히 밥을 보시하는 것이요

여섯 번째는 능히 재물을 보시하는 것이요

일곱 번째는 능히 바로 분간하여 가르치는 것이요

여덟 번째는 능히 바로 조작하는 것이니,

경문의 구절이 상응함을 따라 배속하면 가히 알 수가 있을 것이다.[251]

제 여덟 번째[252] 이 세계와 다른 세계의 즐거움의 정려에 아홉 가지가 있다고 한 것은 첫 번째는 신통 변화로 유정을 조복하는 정려요

두 번째는 기설記說[253] 변화로 유정을 조복하는 것이요

세 번째는 교회敎誨[254] 변화로 유정을 조복하는 것이요

---

251 경문의 구절이 상응함을 따라 배속하면 가히 알 수가 있다고 한 것은, 응당 첫 번째와 두 번째는 제사구에 해당하고 나머지는 다 제육구에 섭속하는 것이다. 역시 『잡화기』의 말이다.

252 제 여덟 번째 가운데 아홉 가지(九門)가 있다고 널리 설한 것은 조자권調字卷 하권 21장, 상, 1행을 볼 것이다.

253 기설記說의 說 자는 心 자가 좋다. 그러나 삼종시도三種示導 가운데 기설記說이 있다. 즉 고해중생苦海衆生을 기억記憶하고 설법說法하여 구제하는 것이다. 그러나 여기서는 신통神通, 기심記心, 교계敎誡로 보아 기심記心으로 보는 것이 좋을 듯하기도 하다.

네 번째는 악업을 짓는 사람에게는 악취를 시현하는 것이요

다섯 번째는 변재를 잊은 사람에게는 능히 변재를 시여하는 것이요

여섯 번째는 생각을 잊은 사람에게는 능히 바른 생각을 시여하는 것이요

일곱 번째는 논리가 없는 사람에게는 전도됨이 없는 논리를 제조하여 건립하는 등이요

여덟 번째는 세간의 공교工巧를 능히 따라서 조작하는 것이요

아홉 번째는 광명을 놓아 괴로움을 쉬게 하는 것이다.

뒤에 두 가지도 또한 뜻으로 인용한 것이니

또한 경문의 구절이 상응함을 따라 배속할 것이다.

제 아홉 번째 청정한 선정에 열 가지가 있다고 한 것은 아래 소문[255]에 스스로 배속하였다.

나머지 오바라밀[256]에 구문九門은 십행품에서 설하겠다.

疏

三은 安住理定이니 寂愛味住하고 智契不出이 名正思惟니 以見心

---

254 교회敎誨는 교계敎誡이다.

255 원문에 소하疏下란, 下疏라 할 것이니 영인본 화엄 6책, p.306, 2행에 있다. 『잡화기』도 이와 같다.

256 원문에 여도餘度란, 上엔 皆禪定之九門故로 餘五度也라. 즉 위에는 다 선정의 구문이 있은 까닭으로 나머지 오바라밀에도 구문이 있다는 것이다.

性故며 亦善士相이라 上二定體니 卽定自性이요 餘六定用이라 四
는 消滅煩惱니 通愛見慢等일새 故云一切라하니 卽淸淨相이라

세 번째는 이정理定에 편안히 머무는 것이니,

고요를 사랑하는 맛[257]에 머물고 지혜가 벗어나지 아니함에 계합하는
것이 이름이 항상 바르게 사유하는 것이니,

심성을 보는 까닭이며 또한 좋은 스승의 모습이다.

이상의 두 가지는 선정의 자체이니 곧 선정의 자성이요

나머지 여섯 가지는 선정의 작용이다.

네 번째는 번뇌를 소멸하는 것이니,

애愛와 견見과 만慢 등에 통하기에 그런 까닭으로 말하기를 일체
번뇌라 한 것이니 곧 청정한 모습이다.

鈔

三은 安住理定이니 寂愛味住者는 雜集第九云호대 如是靜慮無色을
由四種相하야 應廣分別하리니 謂雜染故며 淸白故며 建立故며 淸淨
故니라 雜染者는 謂四無記根이니 一愛요 二見이요 三慢이요 四無明
이라 由此四惑이 染汚其心하야 於諸染汚의 靜慮定門에 令色無色界
의 一切有覆無記煩惱와 及隨煩惱로 生長不絶이라하니라 釋曰上卽
略釋論文이라 下別釋中엔 其文廣博할새 今略取意리니 謂由有愛故
로 味上靜慮하며 由有見故로 見上靜慮하며 由有慢故로 恃上靜慮하

---

257 원문에 적애미寂愛味란, 선정애착미禪定愛着味이다.

며 由無明故로 疑上靜慮하나니 如是煩惱가 恒染其心하야 令色無色의 大小二惑으로 相續流轉等이라하니라 論云淸白者는 謂淸淨靜慮와 無色은 自性善故로 說名淸白이요 雖是世間이나 離纏垢故로 亦名爲靜이라 建立者는 謂支建立과 等至建立과 品類建立과 名想建立이라 於諸靜慮엔 具四建立하고 諸無色中엔 唯有三種하니 除支建立이라 支建立者는 取意니 謂初禪五支等이요 言等至建立者는 謂七種作意로 入初靜慮와 乃至非想이요 言品類建立者는 於初靜慮에 具三品熏修하니 八定皆是라 故初四禪에 隨三品因하야 各有三天하니라 名想建立者는 謂靜慮中에 無量名字를 不可算數니 以諸佛世尊의 所入을 二乘이 所不能知故며 乃至八定이 互相攝等이라하니라 論云淸淨者는 謂初靜慮中에 邊際定力과 乃至非想非非想處邊際가 是名淸淨이라하고 彼疏釋云호대 八定之中에 所有最後邊際가 由作用自在하야 離無堪任障일새 故名淸淨이니 通有漏無漏에 但自在作用을 俱名淸淨이라하니라 釋曰今疏三四는 卽離前雜染의 四無記根이니 是第四淸淨이요 五로 至八은 卽是前名想建立中에 互相攝故며 及品類建立等이니 餘可思之니라

세 번째는 이정에 편안히 머무는 것이니 고요를 사랑하는 맛에 머문다고 한 것은 『잡집론』 제구권에 말하기를 사정려와 사무색정을 네 가지 모습을 인유하여 응당 폭넓게 분별하리니,
말하자면 뒤섞이어 더러운 까닭이며
청정하고 순백한 까닭이며
건립하는 까닭이며

청정한 까닭이다.

뒤섞이어 더럽다고 한 것은 말하자면 네 가지 무기無記의 근본이니[258]

첫 번째는 애愛요,

두 번째는 견見이요,

세 번째는 만慢이요,

네 번째는 무명이다.

이 네 가지 번뇌가 그 마음을 오염시킴을 인유하여 모든 염오의 정려정문 가운데 색계와 무색계의 일체 유부무기[259]의 번뇌와 그리고 수번뇌로 하여금 생장하여 끊어지지 않게 한다 하였다.

해석하여 말하면 이상은 곧 논문을 간략하게 해석한 것[260]이다.

아래 따로 해석한 가운데는 그 문장이 폭넓기에 지금에 그 뜻만을 간략하게 취하여 설하리니,

말하자면 애愛가 있음[261]을 인유한 까닭으로 위에 정려를 맛보며,

견見이 있음을 인유한 까닭으로 위에 정려를 보며,[262]

---

258 네 가지 무기無記의 근본이라고 한 것은, 이것은 이 선정에 당하여 일어나는 까닭으로 악이 아니요 또한 가히 선이라 말할 수도 없는 까닭으로 무기라 말하는 것이다. 근본이라고 말한 것은 이 네 가지 무기가 여섯 가지 근본 번뇌 가운데 있는 까닭이다. 역시 『잡화기』의 말이다.

259 유부무기라고 한 것은 염오의 뜻이 있는 까닭이라고 『잡화기』는 말한다.

260 원문에 약석론문略釋論文이란, 오직 잡염雜染에 사무기근四無記根만을 가리키는 것이다.

261 원문에 유애有愛 아래에 논에는 고故 자가 있다고 『잡화기』는 말하나 차본은 이미 고故 자가 있다.

262 견見 자는 북장경에는 취取 자이다.

만만慢이 있음을 인유한 까닭으로 위에 정려를 믿으며,

무명을 인유한 까닭으로 위에 정려를 의심하나니

이와 같은 번뇌가 항상 그 마음을 오염시켜 색계와 무색계의 크고 작은 두 가지 번뇌[263]로 하여금 상속하여 유전케 하는 등이다 하였다.

『잡집론』제구권에 말하기를 청정하고 순백하다고 한 것은 말하자면 청정[264]한 사정려와 사무색정은 자성이 선한 까닭으로 이름을 청정하고 순백하다 말하고, 비록 세간이지만 번뇌(纏)의 때를 떠난 까닭으로 또한 이름을 청정하다 하는 것이다.

건립[265]한다고 한 것은 말하자면 지支 건립과 삼매(等至) 건립과 품류品類 건립과 명상名想 건립이다.

모든 정려에는 네 가지 건립을 갖추었고, 모든 무색정 가운데는 오직 세 가지만 있나니 지 건립은 제외한다.

지 건립이라고 한 것은 취取의 뜻이니, 말하자면 초선정에 오지五支[266]인 등이요[267]

---

263 원문에 대소이혹大小二惑은 대수혹大隨惑과 소수혹小隨惑이다.

264 청정이라고 한 청은 본문에는 없나니 청정이라는 말과 혼돈할까 염려한 까닭이다. 그런 까닭으로 다음 줄에 또한 다만 말하기를 또한 이름을 청정하다(역명위정亦名爲淨) 하였다. 다『잡화기』의 말이다.

265 건립이라는 말 위에 북장경에는 논운論云이라는 두 글자가 있다.

266 원문에 초선오지初禪五支란, 1. 희喜, 2. 락樂, 3. 심尋, 4. 사伺, 5. 심일경성心一境性이니『잡집론雜集論』제구권第九卷이다.

267 초선정에 오지五支 등이라고 한 것은 초선과 제삼선에 각각 오지五支가 있고 제이선과 제사선에 다 사지四支가 있으니 모두 십팔지十八支가 있는 것이다. 검자권劍字卷 41장, 상, 1행을 볼 것이다. 역시『잡화기』의 말이다.

등지 건립이라고 말한 것은 말하자면 일곱 가지 작의作意[268]로 초선정
(靜慮)과 내지 비상비비상처정이요

품류 건립이라고 말한 것은 초선정에 삼품의 훈수勳修[269]를 구족하였
으니 팔정八定이 다 이것이다.[270]

그런 까닭으로 처음 사선四禪에 삼품의 원인을 따라[271] 각각 삼천三天
이 있는[272] 것이다.[273]

명상 건립이라고 한 것은 말하자면 정려 가운데 한량없는 명자를

---

268 일곱 가지 작의(七種作意)는 1. 요상작의了相作意, 2. 승해작의勝解作意, 3.
원리작의遠離作意, 4. 섭락작의攝樂作意, 5. 관찰작의觀察作意, 6. 방편구경작
의方便究竟作意, 7. 방편구경과작의方便究竟果作意니 『잡집론雜集論』 제구권
이다.

269 삼품훈수三品勳修는 상上·중中·하下 삼품三品이다.

270 팔정八定이 다 이것이라고 한 것은 말하자면 오직 초선에만 이 상·중·하의
상품이 있는 것이 아니라 팔정을 닦음에도 모두 다 이 삼품이 있는 것이다.
역시 『잡화기』의 말이다.

271 그런 까닭으로 처음 사선四禪에 삼품의 원인을 따른다고 한 것은 위에
뜻을 증거하여 성립한 것이지만, 그러나 다만 처음 사선에 삼천三天이 있는
것은 그 삼품의 뜻이 다른 까닭으로 치우쳐 그것을 증거한 것이다. 역시
『잡화기』의 말이다.

272 원문에 각유삼천各有三天은 초선천初禪天에 범중천梵衆天·범보천梵輔天·대
범천大梵天이 있고, 이선천二禪天에 소광천少光天·무량광천無量光天·광음천
光音天 등이 있는 것이다.

273 각각 삼천三天이 있다고 한 것은 제사선第四禪은 비록 팔천八天이 있지만
뒤에 오천五天은 이 삼과성인(수다원·사다함·아나함)의 과보 경계이고 오직
앞의 삼천三天이라야 선정의 경계가 됨을 얻는 것이다. 그런 까닭으로 모든
논에서 다 앞의 삼천으로써 제사선을 삼는 것이다. 역시 『잡화기』의 말이다.

가히 헤아릴 수 없나니,

모든 부처님 세존이 들어간 바를 이승이 능히 알지 못하는 바인 까닭이며

내지 팔정八定이 서로서로 섭수하는 등이다 하였다.

『잡집론』제구권에 말하기를 청정하다고 한 것은 말하자면 초선정 가운데 변제정邊際定[274]의 힘과 내지 비상비비상처의 변제정이 이것이 이름이 청정이다 하였고, 저 논 소문에 해석하여 말하기를 팔정 가운데 있는 바 최후의 변제정[275]이 작용이 자재함을 인유하여 감임堪任할 장애가 떠나고 없기에 그런 까닭으로 이름을 청정이다 하는 것이니,

모든 유루와 무루에 다만 자재롭게 작용하는 것을 함께 이름하여 청정이다 한다 하였다.

해석하여 말하면 지금 소문에 세 번째와 네 번째는 곧 앞의 뒤섞이어 더럽다고 함에 네 가지 무기의 근본을 떠난 것이니 이것은 제 네 번째 청정이요[276]

다섯 번째로부터 여덟 번째에 이르기까지는 곧 이 앞의 명상 건립

---

274 변제정邊際定은 사선정四禪定의 각각 그 끝을, 그 경계를 말함이다. 사전엔 제사선정第四禪定이라 하나, 그것은 최후변제정最後邊際定(즉 최후 끝의 定)이다.

275 최후의 변제정이라고 한 것은, 변제는 오히려 분제分齊라 할 것이니, 매일 선정 가운데 각각 최후의 분제에 이르러야 바야흐로 청정을 얻는 것이다. 역시 『잡화기』의 말이다.

276 제 네 번째 청정이라고 한 것은 이미 잡염雜染을 떠난즉 가히 작용이 자재함을 얻을 수 있는 까닭이다고 『잡화기』는 말한다.

가운데 서로서로 섭수하는 까닭[277]이며,
그리고 품류 건립 가운데 서로서로 섭수하는 등이니
나머지는 가히 생각할 것이다.[278]

疏

五는 出生諸定이니 如起信云호대 得此眞如三昧하면 能生無量諸
三昧門이라함과 上文云호대 一三昧生塵等定이라호미 是也니 卽
難行相이라

다섯 번째는 모든 삼매를 출생하는 것이니,
저『기신론』에 말하기를 이 진여삼매를 얻으면 능히 한량없는 모든
삼매문을 출생한다고 한 것과, 위에 경문에서 말하기를 한 삼매가
미진수 등의 삼매를 출생한다고 한 것과 같은 것이 이것이니,
곧 행하기 어려운 모습이다.

鈔

出生諸定者는 卽雜集에 名想建立이라 疏中에 先明能出生은 卽依起
信修行信心分中之文이라 前云호대 久習淳熟하면 乃至得入眞如三

---

277 고故 자는 필요 없는 글자가 아닌가 염려된다고 『잡화기』는 말하나 있어도
    무방하다.
278 나머지는 가히 생각할 것이라고 한 것은 나머지 두 가지인 건립과 청백淸白의
    모습이다. 역시 『잡화기』의 말이다.

昧라하며 次論又云호대 復次依是三昧故로 則知法界一相이니 謂一
切諸佛法身이 與衆生身으로 平等無二가 卽名一行三昧니라 當知眞
如는 是三昧根本이니 若人修行인댄 漸漸能生無量三昧라하니라 經
言無量三昧者는 如智論云호대 五智印等이 三萬五千이요 首楞嚴等
이 五萬三千이요 方便善巧가 無量無邊이라하니라

모든 삼매를 출생한다고 한 것은 곧『잡집론』제구권에 명상名想
건립이다.

소문 가운데 먼저 능히 한량없는 삼매를 출생함을 밝힌 것은 곧
『기신론』수행신심분 가운데 문장을 의지한 것이다.

『기신론』이 앞의 문장에 말하기를 오래 닦아 순숙淳熟하면 내지
진여삼매에 들어감을 얻는다 하였으며

다음 론에 또 말하기를 다시 이 삼매를 의지한 까닭으로 곧 법계의
한 모습을 아나니,

말하자면 일체 모든 부처님의 법신이 중생의 몸으로 더불어 평등하
여 둘이 없는 줄 아는 것이 곧 이름이 일행삼매이다.

마땅히 알아라. 진여는 이 일행삼매의 근본이니,

만약 어떤 사람이라도 수행한다면 점점 능히 한량없는 삼매를 출생
할 것이다 하였다.

지금 경에서 한량없는 삼매라고 말한 것은 저『지도론』에 말하기를
오지인五智印삼매[279] 등이 삼만 오천이요,

---

279 오지인五智印이란, 고인古人은 五에 지인삼매智印三昧 등이라 하였다.

수능엄삼매 등이 오만 삼천이요,
방편선교삼매가 한량도 없고 끝도 없다 하였다.

疏

六은 引發神通이니 謂精義入神하야 以致用也며 亦遂求相이라 七
은 逆順自在며 亦難行相이니 從滅定出하야 入非非想과 乃至初禪
이 是名爲逆이요 從初禪出하야 入第二禪과 乃至滅定이 是名爲順
이라 此中逆順이 應各有超間하니 謂超一超二하며 乃至全超니라
文無者略이니 此亦名爲師子遊步三昧니라

여섯 번째는 신통을 이끌어내는 것이니,
말하자면 뜻을 정미롭게 하여 정신에 들어가 작용을 이루는[280] 것이며
또한 구함을 따르는 모습이다.

일곱 번째는 역순이 자재한 것이며 또한 행하기 어려운 모습이니,
멸진정을 좇아 나와서 비상비비상처정과 내지 초선정에 들어가는
것이 역逆이 되고, 초선정을 좇아 나와 제이선정과 내지 멸진정에
들어가는 것이 이 이름이 순順이 되는 것이다.
이 가운데 역순이 응당 각각 간격을 초월하는[281] 것이 있나니,

---

280 원문에 정의입신精義入神하야 이치용야以致用也라고 한 것은 『주역周易』
계사전繫辭傳(下篇)의 말이다.
281 원문에 초간超間이란, 역逆으로는 멸진정滅盡定에서 바로 초선정初禪定으로

말하자면 한 선정을 초월하고 두 선정을 초월하며
내지 전체 선정을 초월하는 것이다.
문장이 없는 것은 생략된 것이니
이것은 또한 이름이 사자유보삼매가 되는 것이다.

鈔

此中逆順等者는 俱舍定品云호대 二類定順逆과 均間次及超라 至
間超爲成하야 三洲利無學이라하니 謂本善等至를 分爲二類니 一者
는 有漏요 二者는 無漏라 往上名順이요 還下名逆이니 今疏已委釋하
니라 又彼云호대 同類名均이요 異類名間이요 相隣名次요 超一名超
라하니라 至間超爲成者는 明修超也니 謂觀行者가 修超定時에 先於
有漏八地等至에 順逆均次를 現前數習하며 次於有漏에 順逆均超를
現前數習하며 次於無漏에 順逆均超를 現前數習이 是名加行滿也요
後於有漏無漏等至에 順逆間超가 名超定成이라 三洲利無學者는
明處及人이니 修超等至는 唯人이요 三洲는 處也니 仍是利根인 不時
羅漢이라야 方能修也니라 今明菩薩이 居然能超니라 如順超는 從初
禪出하야 應入二禪이나 而入三禪인댄 卽是超一이요 若從初出하야
而入四禪인댄 卽是超二요 直入滅定인댄 是謂全超니 逆超亦爾하니
라 此亦名爲師子遊步三昧者는 騰躍跳躑故니 卽智論百八三昧中
에 第三名也라 菩薩이 得是三昧하야 於一切三昧中에 入出遲速이

간격間格을 넘어 들어가고, 혹은 한 선정만 넘어 들어가기도 하는 등등.
순順으로도 마찬가지다.

皆得自在가 譬如衆獸가 遊戲之時에 若見師子하면 率皆怖懼하며 師
子戲時에 於諸群獸에 强者則殺하고 伏者則放인달하야 菩薩亦如是
하야 得是三昧하야 於諸外道에 强者破之하고 信者度之일새 故名師
子遊步三昧가 第一이라하니라

이 가운데 역순이라고 한 등은 『구사론』 분별정품分別定品[282]에 말하
기를 이류정二類定[283]의 순順과 역逆과 균등함과 간격이 있는 것과
차례와 그리고 초월하는 것이다. 간격을 초월함에 이르러 수행을
성취하여 삼주三洲[284]의 이근利根인 무학[285]이 된다 하였으니,
말하자면 본래 선善의 삼매(等至)[286]를 나누어 두 종류로 한 것이니
첫 번째는 유루삼매요
두 번째는 무루삼매이다.[287]

---

282 분별정품分別定品은 『구사론俱舍論』 28권, 분별정품分別定品이다.

283 이류二類는 유루有漏와 무루無漏이다.

284 삼주三洲는 사주四洲에 북주北洲를 제외한다.

285 이근무학利根無學은 불시해탈나한不時解脫羅漢이니 육종 아라한六種阿羅漢
　　가운데 제육 부동아라한第六不動(法)阿羅漢이다.
　　둔근무학鈍根無學은 대시해탈나한待時解脫羅漢이니 육종 아라한六種阿羅漢
　　가운데 제오 감달아라한第五堪達阿羅漢이다. 둔근鈍根이라 한 것은 제육 아라
　　한第六阿羅漢보다 둔鈍하다는 것이지, 앞의 사종 아라한四種阿羅漢보다는
　　영리하다.

286 본래 선善의 삼매(等至)라고 한 것은 말하자면 구정九定에 가행정을 취하지
　　않고 다만 근본정만 취한 까닭이니, 모든 논에 다분히 이 뜻이 있다. 역시
　　『잡화기』의 말이다.

287 첫 번째는 유루삼매, 두 번째는 무루삼매라고 한 것은 『구사론』에 말하기를

상선上禪으로 가는 것을 순삼매라 이름하고 하선下禪으로 돌아오는 것을 역삼매라 이름하나니,

지금 소문에서 자세히 해석하였다.

또 저『구사론』분별정품에 말하기를 같은 종류를[288] 균등한 삼매라 이름하고,

다른 종류를 간격이 있는 삼매라 이름하고,

서로 가까운 것을 차례 삼매라 이름하고,

한 삼매를 초월하는 것을 초월하는 삼매라 이름하는 것이다 하였다.

팔근본정八根本定 가운데 앞의 칠근본정에 함께 삼정三定이 있나니 첫 번째는 미정昧定이니 애愛로 더불어 상응하는 것이요, 두 번째는 정정淨定이니 말하자면 세간의 선정善定이니 무탐無貪 등 모든 백정법白淨法으로 더불어 상응하는 까닭이요, 세 번째는 무루정無漏定이니 말하자면 출세간의 정定이다. 제팔정에는 다만 앞의 이정二定만 있나니 이 삼매는 하열한 까닭으로 무루정이 없다 하였으니, 삼정 가운데 앞에 이정二定은 유루이고 제삼정은 무루이다. 그렇다면 곧 앞에 칠지七地에는 유루정과 무루정이 함께 있고 제팔지에는 오직 무루정만 있다는 것이다. 또『유가론』에 말하기를 멸진정은 무루정이고 무상정無想定은 유루정이라 하였다. 이상은『잡화기』의 말이나 팔근본정은 색계 초선에서 무색계 사천까지 각각 하나의 근본정이 있어 팔근본정이 된다. 여기 사기에 칠지·팔지라 한 것은 삼계구지 가운데 처음 오취잡거지五趣雜居地를 제외한 것이다. 오취잡거지는 욕계이다. 삼계구지는 오취잡거지, 이생희락지, 정생희락지, 이희묘락지, 사념청정지, 공무변처지, 식무변처지, 무소유처지, 비상비비상처지이다.

288 같은 종류(동류同類)라고 한 것은 유루와 더불어 유루, 무루와 더불어 무루 등이 이것이요, 아래 다른 종류(이류異類)라고 한 것은 유루와 더불어 무루, 무루와 더불어 유루 등이 이것이다. 역시『잡화기』의 말이다.

간격을 초월함에 이르러 수행을 성취한다고 한 것은 수행의 초월을
밝힌 것이니,

말하자면 관찰하여 수행하는 사람이 초월하는 삼매를 수행할 때에
먼저 저 유루팔지의 삼매[289]에 순과 역과 균등함과 차례를 현전에서
자주 닦으며,

다음에 유루삼매에 순과 역과 균등함과 초월하는 것을 현전에서
자주 닦으며

다음에 무루삼매의 순과 역과 균등함과 초월하는 것을 현전에서
자주 닦는 것이 이 이름이 수습가행이 만족한 것이요[290]

뒤에 유루와 무루삼매에 순과 역과 간격이 있는 것과 초월하는
것이 이름이 초월하는 삼매를 이루는 것이다.

삼주에 이근이 무학이 된다고 한 것은 처소와 그리고 사람을 밝힌

---

289 먼저 저 유루팔지의 삼매(등지等持)라고 한 등은 저 『구사론』에 육단이 있으나
그러나 지금 가운데는 다만 초단과 사단과 오단과 육단만 인용하고 이단과
삼단의 두 단은 빠졌으니, 만약 갖추어 인용한다면 저 제이단에 말하기를
다음에 저 무루칠지의 삼매(等至)에 순과 역과 균등함과 차례를 현전해서
닦아 익힌다 하고, 그 삼단에 말하기를 다음에 저 유루·무루의 삼매(等至)에
순과 역과 간격이 있는 것과 차례를 현전에서 닦아 익힌다 하였으니, 통틀어
말한다면 곧 앞에 삼단은 유루삼매의 균등함과 차례와 무루삼매의 균등함과
차례와 유루와 무루삼매의 간격이 있는 것과 차례로 차례를 짓고, 뒤에
삼단은 유루삼매의 균등함과 초월함과 무루삼매의 균등함과 초월함과 유루
와 무루 삼매의 간격이 있는 것과 초월하는 것으로 차례를 짓는 것이다.
역시 『잡화기』의 말이다.

290 수습가행이 만족하다고 한 것은 앞에 오단은 가행정이 되고 제육단은 바로
성취하는 것이 되나니 곧 근본정이다. 역시 『잡화기』의 말이다.

것이니,

초월하는 삼매를 닦는다고 한 것은 오직 사람뿐이요

삼주라고 한 것은 처소이니,

이에 이것은 이근인 불시해탈不時解脫 아라한[291]이라야 바야흐로 능히 닦는 것이다.

지금에는 보살이 거연히 능히 초월함을 밝힌 것이다.[292]

순으로 초월한다고 한 것과 같은 것은 초선정으로 좇아 나와서

---

[291] 불시해탈不時解脫 아라한이라고 한 것은 『구사론』 25권에 퇴법退法 아라한 등 육종 아라한이 있나니, 앞에 다섯 아라한은 이름이 시해탈時解脫 아라한이니 재물이 갖추어져 있는 곳과 병이 없는 곳 등 수승한 인연이 화합하는 때를 기다려야 바야흐로 선정(定)에 들어가는 까닭이요, 제 여섯 번째 부동不動 아라한은 이름이 불시해탈不時解脫이니 말하자면 삼마지三摩地가 욕망을 따라 현전하고 반드시 수승한 인연이 화합하는 때를 기다리지 않는 까닭이라 하였으니, 그렇다면 곧 앞에는 둔근 아라한이고 뒤에는 이근 아라한이라 하겠다. 그런 까닭으로 이근 아라한이 닦아 익히는 것은 『구사론』 25권에 말하기를 불시해탈 모든 아라한은 선정이 자재한 까닭이며 번뇌가 없는 까닭이요, 시해탈 아라한은 비록 번뇌가 없지만 선정이 자재하지 않는 까닭이요 제견諸見이 이르는 것은 선정이 비록 자재하지만 나머지 번뇌가 있는 까닭으로 다 능히 초월하는 삼매(等至)를 닦지 않는다 하였다. 원문에 잉시仍是라 한 잉仍 자는 내乃 자의 잘못이다. 역시 『잡화기』의 말이다. 여기에 육종 아라한이라고 한 것은 一은 퇴법 아라한, 二는 사법思法 아라한, 三은 호법護法 아라한, 四는 안주법安住法 아라한, 五는 감달법堪達法 아라한, 六은 부동법不動法 아라한이다. 운허, 『불교사전』, p. 688을 볼 것이다. 불시나한不時羅漢은 금자권金字卷 하권下卷, 20장, 下, 8행에도 있다.

[292] 원문에 금명보살今明菩薩이라고 한 것은, 『구사론俱舍論』은 아라한阿羅漢의 수행修行을 말하고 있고, 此經은 보살菩薩의 수행修行을 말하고 있다.

응당 제이선정에 들어가야 할 것이지만 제삼선정에 들어간다면 곧 이것은 한 선정을 초월한 것이요

만약 초선정으로 좇아 나와서 제사선정에 들어간다면 곧 이것은 두 선정을 초월한 것이요

바로 멸진정에 들어간다면 이것은 전체를 초월한다 말하는 것이니 역으로 초월하는 것도 또한 그러한 것이다.[293]

이것은 또한 이름이 사자유보삼매가 된다고 한 것은 뛰어올라 노니는[294] 까닭이니,

곧 『지도론』 백여덟 가지 삼매 가운데 제 세 번째 삼매의 이름이다. 보살이 이 삼매를 얻어 일체 삼매 가운데 들어가고 나옴에 더디고 빠른 것이 다 자재함을 얻는 것이, 비유하자면 수많은 짐승들이 노닐며 희롱할 때에 만약 사자를 보면 다 복종하고 두려워하며 사자가 노닐며 희롱할 때에 모든 짐승의 강한 자는 곧 죽이고 복종하는 자는 곧 놓아주는 것과 같아서, 보살도 또한 이와 같아서 이 삼매를 얻어 모든 외도의 강한 자는 깨뜨리고 믿는 자는 제도하기에 그런 까닭으로 이름을 사자유보삼매가 제일이다 하였다.

疏

八은 一多自在하야 攝一切定이라 應有四句하니 謂在一入一과 在

---

293 원문에 역초역이逆超亦爾라고 한 것은, 소문疏文에 잘 나타나 있다.
294 躑은 '머뭇거릴 척' 자이다.

一入一切와 在一切入一과 在一切入一切니 得其源故니라

여덟 번째는 하나와 많은 것이 자재하여 일체 삼매를 섭수하는
것이다.
응당 네 구절이 있나니,
말하자면 한 삼매에 있으면서 한 삼매에 들어가는 것과
한 삼매에 있으면서 일체 삼매에 들어가는 것과
일체 삼매에 있으면서 한 삼매에 들어가는 것과
일체 삼매에 있으면서 일체 삼매에 들어가는 것이니
그 근원을 얻은 까닭이다.

疏

九는 悉知定境이라 定境有三하니 一은 諸定所緣이요 二는 諸定分
齊요 三은 諸定境用이니 皆能知之니라

아홉 번째는 삼매의 경계를 다 아는 것이다.
삼매의 경계에 세 가지가 있나니
첫 번째는 모든 삼매의 반연할 바요
두 번째는 모든 삼매의 경계요
세 번째는 모든 삼매의 경계 작용이니
다 능히 알 수 있을 것이다.

疏

十者는 總結體用無違라 言三昧者는 此云等持니 唯局有心이나
而通散心이요 三摩鉢底는 此云等至니 通於有心과 及與無心이요
唯諸位定體와 此二功德이 名爲等引이니 上二句定體는 通於此
三하고 六句定用은 卽是所引이라 言智印者는 卽一實相이라 故로
智論m이 釋百八三昧中에 第二는 名寶印三昧니 謂與實相般若로
相應故니라 上二是定이요 此一是智니 合卽雙運이라 今菩薩이 隨
在一定하야 卽在一切三昧니 此三無違니라

열 번째는 삼매의 자체와 작용이 어김이 없음을 모두 맺는 것이다.
삼매라고 말한 것은 여기에서 말하면 등지等持니[295] 오직 유심有心에

---

[295] 여기에서 말하면 등지等持라고 한 것은『유가론』석론을 기준한다면 갖추어
말하기를 삼매지三昧地와 삼마발저三摩鉢底와 삼마혜다三摩呬多가 이름이
넓고 좁은 것이 있나니, 삼마지는 심수心數 가운데 등지等持의 일법一法을
명목名目한 것이니 일체 유심위有心位 가운데 심일경성心一境性을 통섭한
것이며 정위定位와 산위散位에도 통하는 것이요, 삼마발저는 일체 유심과
무심의 모든 정위定位 가운데 있는 바 정定의 자체를 한꺼번에 이름한 것이요,
삼마혜다는 곧 등인지等引地의 이름이니 일체 유심과 무심의 정위에 공덕을
한꺼번에 이름한 것이라 하였다. 말한 바 유심과 무심이라고 한 것은『유가
론』에 말하기를 간략하게 오문五門이 있나니, 첫 번째는 지위에 나아가
총설한 문門이니 말하자면 오식신상응지五識身相應地와 의지意地와 유심사
지有尋伺地와 무심유사지無尋唯伺地니 이 네 가지는 한결같이 유심지有心地
요, 무심무사지無尋無伺地 가운데 무상정無想定과 그리고 무상생無想生과
아울러 멸진정을 제외하고 나머지도 다 유심지이다. 이 가운데 삼문三門은

만 국한하지만 산란한 마음(散心)에도 통하는 것이요

삼마발저라고 한 것은 여기에서 말하면 등지等至니 유심과 그리고 무심에 통하는 것이요[296]

오직 모든 지위에 삼매의 자체와 이 두 가지 공덕[297]만이[298] 이름이 등인等引이 되는 것이니

위에 두 구절[299]은 삼매의 자체라고 한 것은 이 세 가지[300]에 통하고,

번잡할까 염려하여 인용하지 않는다. 다섯 번째는 진실한 뜻에 나아간 문門이니, 말하자면 오직 무여의無餘依 열반의 세계 가운데 모든 마음이 다 사라진 것이 이름이 무심지無心地요, 나머지 지위는 모든 전轉하는 식이 없음을 인유한 까닭으로 거짓으로 무심지라 이름한 것이며 제팔식이 아직 사라져 다하지 아니함을 인유한 까닭으로 유심지라 이름한다 하였다. 또 등지等持와 등지等至의 혼란을 가린 것은 검자권檢字卷 3장, 하, 1행을 볼 것이다. 이상은 다 『잡화기』의 말이다.

296 古人은 無心"이니" 定體"라" 吐이다.

297 두 가지 공덕功德은 등지等持와 등지等至이다. 등인等引은 삼마혜다三摩呬多 이다.

298 이 두 가지 공덕만이 운운은 등지等持와 등지等至는 오직 정정(삼매)의 자체이고, 이 두 가지의 공덕은 이 등인等引이니, 곧 능인能引은 이 자체이고 소인所引은 이 작용이다. 그러한즉 경에 말하기를 삼매와 삼마라는 글자에 이미 자체와 작용을 포함하고 있는 것이니, 이미 저 경으로 더불어 어기지 않는다고 말하였다면 곧 말한 바 자체와 작용이 어김이 없는 것이다. 이 가운데 자체와 작용이 어김이 없다고 말한 것은 이 세 가지 어김이 없는 등이 다 보살이 저로 더불어 어기지 않는다고 말한 것이고, 저가 저로 더불어 스스로 어기지 않는다고 말한 것은 아니다. 역시 『잡화기』의 말이다.

299 위에 두 구절이란, 영인본 화엄 6책, p.296, 3행에 설출한 것이니 경문經文 제일구第一句와 제이구第二句이다.

여섯 구절301은 삼매의 작용이라고 한 것은 곧 이것은 소인所引이다.
지인이라고 말한 것은 곧 하나의 실상이다.

그런 까닭으로『지도론』에 백여덟 가지 삼매를 해석하는 가운데
제 두 번째는 이름이 보인삼매이니, 말하자면 실상반야로 더불어
상응하는 까닭이다.

위에 두 가지302는 이 삼매(定)요303

여기에 한 가지304는 이 지혜(智)이니 합하면 곧 삼매와 지혜를 쌍운하
는 것이 되는 것이다.

지금에는 보살이 한 삼매에 있음을 따라 곧 일체 삼매에 있는 것이니
이 세 가지로 더불어305 어긋남이 없는 것이다.

---

300 이 세 가지란, 등지等持와 등지等至와 등인等引이다.『잡화기』에 세 가지에
　　통한다고 한 것은 등인 가운데 능인은 이 자체인 까닭이라 하였다.
301 여섯 구절이란, 제삼구第三句로부터 제팔구第八句이니 上二句는 정체定體이
　　니 곧 정定의 자성이요 餘六句는 정용定用이다. 제구第九는 지정경知定境이
　　고, 제십第十은 총결체용總結體用이다.
302 위에 두 가지란, 여기서는 제십구第十句의 三中에 上二이니 삼매三昧와
　　삼마발저三摩鉢底이다.
303 위에 두 가지는 이 삼매라 운운한 것은 앞인즉 삼매(定) 가운데 자체와
　　작용으로 더불어 어김이 없고, 지금인즉 삼매(선정)와 지혜로 더불어 어김이
　　없나니, 앞에 뜻이 이 정석인 까닭으로 총표 가운데 다만 말하기를 삼매의
　　자체와 작용이 어김이 없음을 모두 맺는 것이라 하였다.
304 여기에 한 가지란, 지인智印이다.
305 여與는 소본에는 재在 자로 되어 있다. 이것은『잡화기』의 말이나 차본은
　　이미 교정되어 있다.

鈔

百八三昧는 名離著虛空不染이니 初一은 名首楞嚴이라 第二名寶印
三昧者는 智度論云호대 能印諸三昧니 於諸寶中에 法寶是實寶니라
今世後世로 乃至涅槃히 能爲利益이니 如佛語比丘云호대 爲汝說法
이 所謂法印이니 法印是寶며 是解脫門이라하니라 若三藏敎門인댄
以三法印으로 爲法印거니와 若摩訶衍인댄 但有諸法實相의 一法印
이니 與實相般若로 相應三昧가 名爲寶印三昧也니라

백여덟 가지 삼매라고 한 것은 이름이 허공이 집착을 떠나 물들지
않는 것이니[306]
처음에 하나는 이름이 수능엄이다.
제 두 번째는 이름이 보인삼매라고 한 것은 『지도론』에 말하기를
능히 모든 삼매를 찍나니 모든 보배 가운데 법의 보배가 이 진실한
보배[307]이다.
지금 세상과 뒤에 세상으로 이에 열반에 이르기까지 능히 이익케
하나니,

---

306 이름이 허공이 집착을 떠나 물들지 않는 것이라고 한 것은 『지도론』 사십칠권
　　을 기준한다면 곧 이것은 백여덟 가지 삼매에 최후의 삼매 이름이니, 이
　　가운데 삼매라는 말 아래에 최후라는 글자가 있어야 옳다 하겠다. 백여덟
　　가지 삼매를 갖추어 해석한 것은 『대명법수』 50권 초, 4장에서 16장에
　　이르기까지 잘 설출하고 있다.
　　혹 "이름이 집착을 떠난 허공이 물들지 않는 것이니"라고 해석하기도 한다.
307 원문에 시보是寶라 한 보寶 자는 실實 자의 잘못이다.

부처님이 비구에게 말하기를 그대를 위하여 법을 설하는 것이 말한
바 법인이니, 법인은 이 보배이며 이 해탈문[308]이라 한 것과 같다.
만약 삼장교문三藏敎門[309]이라면 삼법인으로써 법인을 삼거니와 만
약 마하연이라면 다만 제법실상의 한 법인만 있을 뿐이니,
실상반야로 더불어 상응하는 삼매가 이름이 보인삼매寶印三昧가
되는 것이다.

疏

十一은 速入智地이라 亦卽定果니 以菩薩之定이 事窮無邊하고
理極無際일새 故能速至一切智地니라 亦難行相이며 亦二世樂相
이라

열한 번째는 일체 지혜의 지위에 빨리 들어가는 것이다.
또한 곧 삼매의 과보이니,
보살의 삼매가 사실이 끝이 없는 데까지 다하고 진리가 끝이 없는
데까지 다하기에 그런 까닭으로 능히 일체 지혜의 지위에 빨리
이르는 것이다.
또한 행하기 어려운 모습이며 또한 두 세상[310]의 즐거운 모습이다.

---

308 해탈문이란, 곧 삼해탈문이니, 이상은 다 『지도론』을 인용한 것이다.
309 삼장교문三藏敎門은 소승小乘이고, 마하연摩訶衍은 대승大乘이다.
310 원문에 이세二世란, 세간世間과 출세간出世間이다.

疏

又上二三四는 卽現法樂住禪이요 次五는 引生功德禪이요 五는
亦饒益有情禪이라 後二는 通三이라

또 위에 두 번째와[311] 세 번째와 네 번째는 곧 현재 법락에 머무는
선이요
다음에 다섯 가지는 공덕을 이끌어내는 선이요
다섯[312] 가지는 또한 유정을 요익케 하는 선이다.
뒤에 두 가지는 세 가지 선에 통하는 것이다.

鈔

又上二三下는 上案文釋거니와 今以三禪收之니 以諸經論에 多用三
故니라 如初會說이나 今當重釋하리라 瑜伽四十三云호대 云何菩薩
의 一切靜慮고 謂此靜慮가 略有二種하니 一者는 世間이요 二者는
出世間이라 復有三種하니 一者는 現法樂住等이라하고 論釋云호대
若諸菩薩의 所有靜慮가 遠離一切分別하야 皆生身心輕安하며 最極
寂靜하야 遠離掉擧하며 離諸愛味하야 泯一切相인댄 當知하라 是名
現法樂住요 若諸菩薩의 所有靜慮가 能引能住種種殊勝한 不可思
議하고 不可度量인 十方種性의 所攝等持하며 乃至若諸菩薩의 所有

---

311 원문에 上二 운운은, 제일第一은 오욕경五欲境에 무탐착無貪着이니 선정禪定
이 아니기에 제외한 것이다.
312 五는 차오次五를 말한다.

靜慮가 能引能住一切菩薩의 解脫勝處와 遍處와 無礙解와 無諍願
等과 不共功德인댄 名能引等持의 功德靜慮요 若諸菩薩의 所有靜慮
가 於諸有情에 能引義利와 彼彼事業하야 與作助伴하며 下取意引하
리라 息苦除怖救護하며 讚三寶德하야 調伏有情인댄 爲第三靜慮라
하니라

또 위에 두 번째와 세 번째라고 한 아래는 위에서는 경문을 안찰하여
해석하였거니와, 지금에는 세 가지 선으로써 거둔 것이니 모든
경론에 이 세 가지 선을 많이 인용한 까닭이다.
초회에서 설한 것과 같지만 지금에 마땅히 거듭 해석하겠다.
『유가론』사십삼권에 말하기를 어떤 것이 보살의 일체 정려靜慮
인가.
말하자면 이 정려가 간략하게 두 가지가 있나니,
첫 번째는 세간 정려요
두 번째는 출세간 정려이다.
다시 세 가지가 있나니,
첫 번째는 현재 법락이 머무는 정려 등[313]이다 하고, 논에 해석하여
말하기를 만약 모든 보살이 소유한 정려가 일체 분별을 멀리 떠나
다[314] 몸과 마음이 가볍고 편안함을 생기하며, 최극으로 고요하여
도거掉擧를 멀리 떠났으며, 모든 애착의 맛을 떠나 일체 모습이

---

313 등等이라고 한 것은 二者에 보살등지공덕정려菩薩等至功德靜慮와 三者에
   요익유정정려饒益有情靜慮를 등취等取하고 있다.
314 皆 자는 본론本論에는 能 자이다.

없다면 마땅히 알아라. 이것은 이름이 현재 법락에 머무는 정려요 만약 모든 보살이 소유한 정려가 가지가지로 수승한 가히 사의할 수 없고 가히 헤아릴 수 없는 시방 종성種性[315]의 섭수할 바 삼매를 능히 이끌어내고 능히 머물며, 내지 만약 모든 보살이 소유한 정려가 일체 보살이 해탈한 수승한 곳과 두루한 곳과 걸림이 없는 지해(解)와 다툼이 없는 서원 등과 같을 수 없는 공덕을 능히 이끌어내고 능히 머문다면 이것은 이름이 삼매의 공덕을 능히 이끌어내는 정려요 만약 모든 보살이 소유한 정려가 모든 유정에 의리와 저러저러한 사업을 능히 이끌어내어 더불어 조반助伴을 지으며, 이 아래는 뜻을 취하여 인용하겠다.

괴로움을 쉬고 두려움을 제멸하여 구호하며, 삼보의 공덕을 찬탄하여 유정을 조복한다면 제 세 번째 유정을 요익케 하는 정려가 되는 것이다 하였다.

疏

又通十種淸淨이니 一은 由世間淨하야 離諸愛味故니 卽第三句요 二는 出世間淨이니 亦此句攝이요 三은 加行淨이니 卽是初句요 四는 得根本淨이니 卽第二句요 五는 根本勝進淨이니 卽第五句요 六은 入住出自在淸淨이요 七은 捨靜慮已에 復還證入自在淸淨

---

315 시방 종성種性이라고 한 것은 범부와 소승이 선정 닦은 것을 가리키는 것이 아닌지 의심해 본다. 역시 『잡화기』의 말이다. 그러나 뜻이 잘 나타나지 않는다.

이니 上二는 卽第七句요 八은 神通變現自在淸淨이니 卽第六句요
九는 離一切見趣淸淨이요 十은 一切煩惱所知障淸淨이니 此二는
共是第四句攝이라 餘는 如瑜伽四十三에 九大禪說하나니 十行之
中에 當顯其相하리라

또 열 가지 청정을 통석한 것이니,
첫 번째는 세간이 청정함을 인유하여 모든 애착의 맛을 떠나는
까닭이니
곧 이 경의 제 세 번째 구절이요
두 번째는 출세간이 청정한 것이니
또한 이 경의 제 세 번째 구절에 섭속하는 것이요
세 번째는 가행이 청정한 것이니
곧 이것은 이 경의 처음 구절이요
네 번째는 근본을 얻는 것이 청정한 것이니
곧 이 경의 두 번째 구절이요
다섯 번째는 근본과 승진이 청정한 것이니
곧 이 경의 제 다섯 번째 구절이요
여섯 번째는 삼매에 들어가고 머물고 나오는 것을 자재로 하는
것이 청정한 것이요
일곱 번째는 정려를 버린 이후에 다시 도리어 증득하여 들어가는
것을 자재로 하는 것이 청정한 것이니
위에 두 가지는 곧 이 경의 제 일곱 번째 구절이요
여덟 번째는 신통변화를 자재로 하는 것이 청정한 것이니

곧 이 경의 제 여섯 번째 구절이요

아홉 번째는 일체 소견이 나아갈 곳을 떠나는 것이 청정한 것이요

열 번째는 일체 번뇌장과 소지장이 청정한 것이니

이 두 가지는 함께 이 경의 제 네 번째 구절에 섭속하는 것이다.

나머지는 『유가론』 사십삼권에 아홉 가지 큰 선정을 설한 것과 같나니,

십행 가운데 마땅히 그 모습을 나타내겠다.

鈔

又通十種下는 卽九門中에 第九也라

또 열 가지 청정을 통석한 것이라고 한 아래는 곧 구문九門 가운데 제구문[316]이다.

---

316 제구문第九門은 청정淸淨이니 앞의 영인본 화엄 6책, p.292, 5행에 『유가론瑜伽論』 三十三에 六度, 四等이 各有九門이라 하였다. 구문九門은 자성自性과 일체一切와 난행難行 등이다.

經

於諸佛所에 聞法受持하며 近善知識하야 承事不倦하며 常樂聞
法하야 心無厭足하며 隨所聽受하야 如理思惟하며 入眞三昧하야
離諸僻見하며 善觀諸法하야 得實相印하며 了知如來의 無功用
道하며 乘普門慧하며 入於一切智智之門하며 永得休息하나니 是
則能淨般若波羅蜜이니라

저 모든 부처님의 처소에서 법문을 듣고 받아 가지며
선지식을 친근하여 받들어 섬기고 게으르지 아니하며
항상 법문 듣기를 좋아하여 마음에 싫어하거나 만족함이 없으며
듣고 수지하는 바를 따라서 이치와 같이 사유하며
진실한 삼매에 들어가서 모든 편벽된 소견을 떠나며
모든 법을 잘 관찰하여 실상의 법인을 얻으며
여래의 무공용도를 요달하여 알며
보문普門의 지혜를 타며
일체 지혜와 지혜의 문에 들어가며
영원히 휴식함을 얻나니
이것은 곧 능히 반야바라밀을 청정케 하는 것입니다.

疏

六에 般若中에 句亦有十하니 前之三句에 聞法과 近友는 卽聞所
成慧니 初句는 正明이요 二에 近友不倦은 是聞慧緣이요 三에 樂聞

無厭은 是聞慧因이니 暫聞則已면 慧不生故라 四는 卽思慧니 學而後思일새 故云隨所聽也라하고 內正作意일새 故云如理라하니라 五는 亦思擇慧니 又於無煩惱中에 善決擇故며 捨煩惱故라 六에 善觀下는 皆是修慧니 此句는 悟入於如요 七은 宿習思量故로 了無功用道요 八은 周備悟入이니 一中一切等이 名爲普門이요 九는 入二智門이요 十은 總結已圓일새 故云休息이라하니 後三은 連環이라

여섯 번째 반야 가운데 구절이 또한 열 구절이 있나니
앞에 세 구절에 법문을 듣는다는 것과 선지식을 친근한다고 한 것은 곧 법문을 듣는 곳에서 지혜를 이루는 것이니,
처음 구절은 바로 밝힌 것이요
두 번째 선지식을 친근하여 게으르지 않는다고 한 것은 이것은 문혜聞慧의 조연(緣)이요
세 번째 듣기를 좋아하여 싫어함이 없다고 한 것은 이것은 문혜의 원인(因)이니,
잠시 듣고 곧 그만두면 지혜가 생기지 않는 까닭이다.
네 번째는 곧 사혜思慧이니,
배운 이후에 사유하기에 그런 까닭으로 말하기를 들은 바를 따른다 하였고, 안으로 바로 뜻을 짓기에 그런 까닭으로 말하기를 이치와 같다 하였다.
다섯 번째는 또한 사택혜思擇慧이니,
또한 저 번뇌가 없는 가운데[317] 잘 결택하는 까닭이며 번뇌를 버리는

까닭이다.[318]

여섯 번째 모든 법을 잘 관찰한다고 한 아래는 다 수혜修慧이니,
이 구절은 진여에 깨달아 들어가는 것이요

일곱 번째는 숙세의 습기를 사량하는 까닭으로 무공용도를 아는
것이요

여덟 번째는 두루 갖추어 깨달아 들어가는 것이니,
하나 가운데 일체인 등이 이름이 보문이 되는 것이요

아홉 번째는 두 가지 지혜[319]의 문에 들어가는 것이요

열 번째는 이미 원만한 것을 모두 맺었기에 그런 까닭으로 말하기를
휴식함을 얻는다 하였으니,

뒤에 세 가지는 연환連環[320]과 같다.

鈔

後三連環者는 以經云호대 一은 乘普門慧요 二는 入於一切智智之門

---

317 또한 저 번뇌가 없는 가운데 운운한 것은 이 위에는 곧 이 사혜思慧의
    모습이고 여기는 곧 사혜의 원인이니, 편벽된 소견을 떠나야 바야흐로
    잘 결택하는 까닭이다. 역시 『잡화기』의 말이다.

318 번뇌를 버리는 까닭이라고 한 것은 번뇌가 없는 것이 잘 결택하는 까닭임을
    해석한 것이니 결택고決擇故"니" 토이다. 역시 『잡화기』의 말이나 나는 결택
    고"며" 토로 보았다.

319 원문에 二智는 今經文에 일체지一切智와 지지智智이니 즉 근본지根本智와 후득지
    後得智이다.

320 연환連環은 고리를 잇대어 꿴 쇠사슬이다.

이요 三은 永得休息이라하니 此三이 乃似一句耳라 故云連環이라하나
而義則別일새 故爲三句니라

뒤에 세 가지는 연환과 같다고 한 것은 경에 말하기를 첫 번째는
보문의 지혜를 타는 것이요
두 번째는 일체 지혜와 지혜의 문에 들어가는 것이요
세 번째는 영원히 휴식함을 얻는다 하였으니,
이 세 구절이 이에 한 구절이나 흡사하다.
그런 까닭으로 말하기를 연환과 같다고 하였지만 그 뜻은 곧 다르기
에 그런 까닭으로 세 구절을 삼은 것이다.

疏

此中에 亦有九門之相이나 恐繁不配니라

이 가운데 또한 구문九門의 모습이 있지만 번잡할까 염려하여 배속하
지 않는다.

鈔

此中에 亦有九門之相下는 料揀이라 於中二니 一은 對九門般若라

이 가운데 또한 구문九門의 모습이 있다고 한 아래는 헤아려 가린
것이다.

이 가운데 두 가지가 있나니
첫 번째는 구문의 반야를 상대한 것이다.

疏

其中에 雖定慧互有나 互相嚴故로 而爲門不同거니와 若全인댄 雙
運이니 故起信論에 合於六度하야 以爲五門하니라

그 가운데 비록 선정과 지혜가 함께 있지만 서로서로 장엄하는
까닭으로 문門이 같지 아니함[321]이 되거니와 만약 온전히 같다고
한다면 함께 운행[322]할 것이니,
그런 까닭으로 『기신론』에 육바라밀을 합하여 오문五門을 삼은 것
이다.

鈔

其中에 雖定慧下는 揀濫이니 以互有故라 於中有六하니 一은 對前定
門揀이니 如前中云호대 知三昧境과 不違智印과 入於智地는 是定中
慧니 慧資定也요 今此中에 有入眞三昧는 是定資慧也라 若全下는
引證成前이니 旣合定慧인댄 明必相資니라

그 가운데 비록 선정과 지혜라고 한 아래는 혼란함을 가린 것이니

---

321 원문에 문부동門不同이란, 정문定門과 혜문慧門이 다르다는 것이다.
322 원문에 쌍운雙運이란, 정定과 혜慧를 쌍운雙運함이다.

함께 있는 까닭이다.

그 가운데 여섯 가지가 있나니

첫 번째는 앞[323]에 선정문을 상대하여 가린 것이니,

앞의 가운데 말하기를 삼매의 경계를 안다는 것과 지인智印과 위배되지 않는다는 것과 지혜의 지위에 들어간다고 한 것과 같은 것은 이것은 선정 가운데 지혜이니 지혜가 선정을 도우는 것이요 지금 이 가운데 진실한 삼매에 들어감이 있다고[324] 한 것은 이것은 선정이 지혜를 도우는 것이다.

만약 온전히 같다고 한다면이라고 한 아래는 증거를 인용하여 앞에 말을 성립한 것이니,

이미 선정과 지혜가 합하였다면 반드시 서로 도우는 것이 분명하다 하겠다.

疏

後之方便義도 亦準此니 涉有나 不迷於空하면 則名方便이요 不厭有하고 而觀空하면 便稱般若니 豈令般若로 不能知有耶하며 方便이 若不觀空하면 何名方便이리요

---

323 앞이란, 영인본 화엄 6책, p.290, 5행에 제오선정중第五禪定中이다.

324 이 가운데 진실한 삼매에 들어감이 있다고 한 것은 영인본 화엄 6책, p.307, 2행이니 有 자는 본문에는 없다.

뒤에 일곱 번째 방편의 뜻도 또한 여기에 기준할 것이니,
있음을 간섭하지만 공한 줄 미하지 않는다면[325] 곧 이름이 방편이요
있음을 싫어하지 않고 공한 줄 관찰한다면[326] 곧 이름이 반야니
어찌 반야로 하여금 능히 있음을 알지 못하게 하며
방편이 만약 공한 줄 관찰하지 못한다면 어찌 이름이 방편이겠는가.

鈔

後之方便下는 以六對七하야 料揀이니 二亦相成이라

뒤에 일곱 번째 방편이라고 한 아래는 여섯 번째 지혜로써 일곱
번째 방편을 상대하여 헤아려 가린 것이니
두 가지가 또한 서로 성립하는 것이다.

疏

非唯此三이라 萬行皆爾니라 況般若가 能成萬行거니 何法而不
用之리오 寂照가 盡於理極하면 不得一行도 無此君耳니라 所以
로 開則萬行森然거니와 泯則一도 不爲一이니 得意則無所不通
耳리라

---

325 원문에 섭유불미어공涉有不迷於空이라고 한 것은 七의 방편方便 가운데 六의
반야般若가 있나니, 반야般若가 방편方便을 도우는 것이다.

326 원문에 불염유이관공不厭有而觀空이라고 한 것은 六의 반야般若 가운데 七의
방편方便이 있나니, 방편方便이 반야般若를 도우는 것이다.

오직 이 세 가지[327]뿐만 아니라 만행이 다 그러한 것이다.

하물며 반야가 능히 만행을 이루거니 무슨 법인들 그 반야를 운용하지 않겠는가.

적조寂照가 진리의 종극에 다하면 한 행도 이 군주[328]가 없음을 얻을 수 없는 것이다.

그런 까닭으로 열면 곧 만행이 수풀처럼 많거니와[329] 민절泯絶하면 곧 한 행도 한 행이 될 수 없나니,

뜻을 얻으면 곧 통하지 않는 바가 없는 것이다.

鈔

五에 非唯此三下는 總結萬行相資之義라 況般若는 況結深玄이라 言不得一行도 無此君者는 借外典語니 晉書中說호대 王獻之好竹하야 到處에 卽皆樹之한대 人問其故어늘 答云호대 人生이 不得一日도 無此君耳라하니 意在虛心貞節하야 歲寒不移니라 今明萬行이 不得暫時도 而無般若니라

다섯 번째 오직 이 세 가지뿐만 아니라고 한 아래는 만행이 서로 도우는 뜻을 모두 맺는 것이다.

---

327 이 세 가지란, 선정禪定과 지혜智慧와 방편方便이다.

328 이 군주란, 반야般若이다.

329 원문에 만행삼연萬行森然이라고 한 것은 『법구경法句經』 반야송般若頌에 森羅及萬像이 一法之所印이라 하고, 一不爲一者는 一亦爲一이라 하였다.

하물며[330] 반야라고 한 아래는 깊고 현묘한 것을 비황하여 맺는 것이다.

한 행도 이 군주가 없음을 얻을 수 없다고 한 것은 외전을 빌려 말한 것이니,
『진서晉書』 가운데 말하기를 왕헌王獻[331]이 대나무를 좋아하여 도처에 곧 그 대나무를 다 심은데, 사람들이 그 까닭을 묻거늘 답하여 말하기를 인생이 하루도 이 군주가 없음을 얻을 수 없다 하였으니,
그 뜻이 마음을 비우고 절개를 곧게 하여 추운 겨울에도 옮기지 아니함에 있는 것이다.
지금에는 만행이 잠시도 반야가 없음을 얻을 수 없다고 한 것을 밝힌 것이다.

---

330 況 자 위에 북장경에는 六 자가 있다.
331 왕헌王獻은 왕희지王羲之의 아들이다.

經

示現一切世間作業하며 教化衆生호대 而不厭倦하며 隨其心樂하야 而爲現身하며 一切所行에 皆無染著하며 或現凡夫하고 或現聖人의 所行之行하며 或現生死하고 或現涅槃하며 善能觀察一切所作하며 示現一切諸莊嚴事호대 而不貪著하며 遍入諸趣하며 度脫衆生하나니 是則能淨方便波羅蜜이니라

일체 세간에서 짓는 업을 시현하며
중생을 교화하되 싫어하거나 게으르지 아니하며
그 마음에 즐거움을 따라서 몸을 나타내며
일체 행하는 바에 다 물들거나 집착하지 아니하며
혹은 범부를 나타내고 혹은 성인이 행하신 바 행을 나타내며
혹은 생사를 나타내고 혹은 열반을 나타내며
잘 능히 일체 짓는 바를 관찰하며
일체 모든 장엄하는 일을 시현하지만 탐착하지 아니하며
모든 육취에 두루 들어가며
중생을 제도하여 해탈케 하나니
이것은 곧 능히 방편바라밀을 청정케 하는 것입니다.

疏

七에 方便中에 亦有十種하니 一은 巧智現世가 爲方便이요 二는 悲非愛見일새 故化而無厭하나니 卽悲智相導가 爲方便이요 三은

依體起用이요 四는 非捨非受일새 故一切無染이요 五는 凡聖雙行이니 由雙非故요 六은 行無住道요 七은 觀察進趣요 八은 現相不著이요 九에 遍入諸趣는 卽無生現生이요 十에 度脫衆生은 是無化現化니 初九는 拔濟요 餘皆迴向이라 依瓔珞因果品인댄 後之四度는 亦各有三하니 方便三者는 一은 進趣方便이니 卽第七句요 二는 巧會有無니 除第四句하고 皆此所攝이요 三은 不捨不受니 卽第四句라

일곱 번째 방편 가운데 또한 열 가지가 있나니
첫 번째는 교묘한 지혜로 세간에 시현하는 것이 방편이 되는 것이요
두 번째는 자비는 애견이 아니기에 그런 까닭으로 교화하되 싫어하지 않나니,
곧 자비와 지혜가 서로 인도하는 것이 방편이 되는 것이요
세 번째는 자체를 의지하여 작용을 일으키는 것이요
네 번째는 버릴 것도 없고 받을 것도 없기에 그런 까닭으로 일체에 물들지 않는 것이요
다섯 번째는 범부와 성인의 행을 함께 행하는 것이니
함께 아니라고 함을 인유한 까닭이요
여섯 번째는 머무름이 없는 도[332]를 행하는 것이요
일곱 번째는 나아가는 것을 관찰하는 것이요

---

332 원문에 무주도無住道라고 한 것은 생사生死에도 열반涅槃에도 머물지 않는 것이다.

여덟 번째는 장엄의 모습을 나타내지만 탐착하지 않는 것이요

아홉 번째 모든 육취에 두루 들어간다고 한 것은 곧 태어난 적이 없이 태어남을 시현한 것이요

열 번째 중생을 제도하여 해탈케 한다고 한 것은 교화한 적이 없이 교화함을 시현한 것이니,

첫 번째와 아홉 번째는 고통에서 뽑아내어 건져주는 것이요

나머지는 다 회향이다.

『영락경』인과품을 의지한다면 뒤에 네 가지 바라밀[333]은 또한 각각 세 가지가 있나니

방편에 세 가지는 첫 번째는 나아가는(進趣) 방편이니

곧 제 일곱 번째 구절이요

두 번째는 있고 없음을 교묘하게 아는 방편이니

제 네 번째 구절만 제외하고 다 여기에 함섭되는 바요

세 번째는 버릴 것도 없고 받을 것도 없는 방편이니

곧 제 네 번째 구절이다.

鈔

依瓔珞經下는 通明後四之相이라 後之三度는 皆有收束과 及通明相이니 二段可知라

___

333 원문에 후지사도後之四度라고 한 것은, 십도十度 가운데 뒤에 사도(後四度)이다.

『영락경』인과품을 의지한다고 한 아래는 뒤에 네 가지 바라밀의 모습을 한꺼번에 밝힌 것이다.

뒤에 세 가지[334] 바라밀은 다 거두어 묶는 것과 그리고 한꺼번에 밝히는 모습이 있나니

이단二段[335]은 가히 알 수가 있을 것이다.

經

盡成就一切衆生하며 盡莊嚴一切世界하며 盡供養一切諸佛하
며 盡通達無障礙法하며 盡修行遍法界行하며 身恒住盡未來劫
하며 智盡知一切心念하며 盡覺悟流轉還滅하며 盡示現一切國
土하며 盡證得如來智慧하나니 是則能淨願波羅蜜이니라

일체중생을 다 성취하며
일체 세계를 다 장엄하며
일체 모든 부처님을 다 공양하며
걸림이 없는 법을 다 통달하며
온 법계에 행을 다 수행하며
몸이 미래세월이 다하도록 항상 머물며
지혜로 일체 마음과 생각을 다 알며
유전流轉과 환멸還滅[336]을 다 깨달으며
일체 국토를 다 시현하며
여래의 지혜를 다 증득하나니
이것은 곧 능히 원바라밀을 청정케 하는 것입니다.

---

336 유전流轉은 삼계三界의 생사生死에 유전流轉하는 것이고, 환멸還滅은 삼계三界
의 생사生死에서 벗어나 적멸寂滅(열반)에 돌아가는 것이다.

疏

八에 願中에 亦有十願하니 前五後三은 盡字爲初니라 六은 身恒住
盡劫海요 七은 智盡心海요 八은 窮盡有支요 九는 盡現國土요 十은
窮佛果智니 此求菩提요 前九利樂이라 若依三願인댄 二三四五는
爲自行願이요 六七은 爲神通이요 初及八九는 爲外化요 十은 通二
利라 皆云盡者는 窮彼源故니라

여덟 번째 서원 가운데 또한 열 가지 서원이 있나니,
앞에 다섯 가지와 뒤에 세 가지는 진자盡字로 처음을 삼았다.
여섯 번째는 몸이 세월의 바다(劫海)가 다하도록 항상 머무는 것이요
일곱 번째는 지혜로 마음의 바다를 다하는 것이요
여덟 번째는 십이유지十二有支337를 궁구하여 다하는 것이요
아홉 번째는 국토를 다 시현하는 것이요
열 번째는 부처님의 과지果智를 궁궁하여 다하는 것이니
이것은 스스로 보리를 구하는 것이요
앞에 아홉 가지는 중생을 이익하고 즐겁게 하는 것이다.
만약 세 가지 서원을 의지한다면 두 번째와 세 번째와 네 번째와
다섯 번째는 스스로 수행하기를 서원하는 것이요

---

337 십이유지十二有支라 한 유지有支에 두 가지 뜻이 있나니 一은 십이유지十二有
支요, 二는 삼유지三有支이다. 삼유지三有支의 지支는 인因의 뜻이다. 십이유
지十二有支도 삼계三界에 대한 迷의 인과因果를 나눈 것이니, 곧 삼계三界에
생사生死의 유전流轉과 환멸還滅의 모습을 그리고 있다.

여섯 번째와 일곱 번째는 신통 얻기를 서원하는 것이요

첫 번째와 그리고 여덟 번째와 아홉 번째는 밖으로 교화하기를

서원하는 것이요

열 번째는 자리와 이타의 두 가지 서원에 통하는 것이다.

다 말하기를 진盡이라고 한 것은 저 서원의 근원을 다하는 까닭이다.

經

具深心力하야 無有雜染故며 具深信力하야 無能摧伏故며 具大
悲力하야 不生疲厭故며 具大慈力하야 所行平等故며 具總持力
하야 能以方便으로 持一切義故며 具辯才力하야 令一切衆生으
로 歡喜滿足故며 具波羅蜜力하야 莊嚴大乘故며 具大願力하야
永不斷絶故며 具神通力하야 出生無量故며 具加持力하야 令信
解領受故니 是則能淨力波羅蜜이니라

깊은 마음의 힘을 갖추어서[338] 뒤섞이어 물듦이 없는 까닭이며
깊은 믿음의 힘을 갖추어서 능히 꺾어 제복할 수 없는 까닭이며
대비의 힘을 갖추어서 피곤해하거나 싫어하는 생각을 내지 않는
까닭이며
대자大慈의 힘을 갖추어서 행하는 바가 평등한 까닭이며
총지의 힘을 갖추어서 능히 방편으로 일체의 뜻을 가지는 까닭이며
변재의 힘을 갖추어서 일체중생으로 하여금 환희하고 만족케 하는
까닭이며
바라밀의 힘을 갖추어서 대승을 장엄하는 까닭이며
큰 서원의 힘을 갖추어서 영원히 끊어지지 않게 하는 까닭이며
신통의 힘을 갖추어서 한량없는 것을 출생하는 까닭이며
가지加持의 힘을 갖추어서 하여금 믿고 알고 받아들이게 하는

---

338 원문에 구심심력具深心力은 표명標名이고, 무유잡염고無有雜染故는 석의釋義
  이니 此下九句도 마찬가지이다.

까닭이니
이것은 곧 능히 역바라밀을 청정케 하는 것입니다.

疏

九에 力中에 十句各二니 謂標名과 釋義라 一은 契理深心이니 是思
擇力이라 染則無力이니 翻此故有也니라 餘可準知니 皆修習力이
라 瓔珞有三하니 皆名通力이라 一은 報通力이요 二는 修通力이요
三은 變化通力이니 觀彼컨대 似當九十二句耳니라

아홉 번째 힘 가운데 열 구절이 각각 두 가지가 있나니,
말하자면 이름을 표한 것과 뜻을 해석한 것이다.
첫 번째는 진리에 계합한 깊은 마음이니
이것은 사택思擇하는 힘이다.
물들면 곧 힘이 없나니 이것을 번복하는 까닭으로 힘이 있는 것이다.
나머지는 가히 이것을 기준하여 알 것이니,
다 닦아 익히는 힘이다.

『영락경』에 세 가지가 있나니 다 이름을 신통력이라 한다.
첫 번째는 과보 신통력이요
두 번째는 수행 신통력이요
세 번째는 변화 신통력이니,
저 『영락경』을 관찰하건대 구십두 번째 구절에 해당하는 것 같다.

經

知貪欲行者며 知瞋恚行者며 知愚癡行者며 知等分行者며 知修
學地行者며 一念中에 知無邊衆生行하며 知無邊衆生心하며 知
一切法眞實하며 知一切如來力하며 普覺悟法界門하나니 是則
能淨智波羅蜜이니라

탐욕을 행하는 중생을 알며
성냄을 행하는 중생을 알며
어리석음을 행하는 중생을 알며
세 가지를 같은 분으로 행하는 중생을 알며
지위를 수학하여 행하는 중생을 알며
한 생각 가운데 끝없는 중생의 행을 알며
끝없는 중생의 마음을 알며
일체법의 진실을 알며
일체 여래의 힘을 알며
널리 법계의 법문을 깨달아 아나니
이것은 곧 능히 지혜바라밀을 청정케 하는 것입니다.

疏

十에 智度中에 識病知根하며 順理授法이 名爲智度니라 亦有十句
하니 初四는 知病輕重이요 次三은 知根欲樂이니 一位요 二行이요
三心이라 後三은 知法樂이니 一은 知理法이요 二는 知果法이요 三은

普覺法界라 前七은 成就有情이요 後三은 現法樂住라 瓔珞에 三
智니 一은 無相智니 卽知法眞實이요 三은 變化智니 卽如來力이요
餘皆第二에 一切種智라 餘義는 如初會說하나라

열 번째 지혜바라밀 가운데 중생의 병을 알고 근성을 알며 진리를
따라 법을 주는 것이 이름이 지혜바라밀이 되는 것이다.
또한 열 구절이 있나니
처음에 네 구절은 병의 가볍고 무거운 것을 아는 것이요
다음에 세 구절은 근기의 욕락을 아는 것이니
첫 번째는 지위요
두 번째는 중생의 행을 아는 것이요
세 번째는 중생의 마음을 아는 것이다.
뒤에 세 구절은 법락을 아는 것이니
첫 번째는 이법理法을 아는 것이요
두 번째는 과법果法을 아는 것이요
세 번째는 널리 법계를 깨달아 아는 것이다.

앞에 일곱 가지는 유정을 성취케 하는 것이요
뒤에 세 가지는 현재 법락에 머물게 하는 것이다.

『영락경』에 세 가지 지혜가 있나니
첫 번째는 무상지無相智이니 곧 법의 진실을 아는 것이요
세 번째는 변화지變化智이니 곧 여래의 힘이요

나머지는 다 제 두 번째 일체종지이다.
나머지 뜻은 초회初會에서 설한 것과 같다.

經

佛子야 菩薩이 如是淸淨諸波羅蜜時와 圓滿諸波羅蜜時와 不捨諸波羅蜜時에 住大莊嚴菩薩乘中하고 隨其所念一切衆生하야 皆爲說法하야 令增淨業하야 而得度脫호대

불자여, 보살이 이와 같이 모든 바라밀을 청정케 할 때와 모든 바라밀을 원만케 할 때와 모든 바라밀을 버리지 아니할 때에 크게 장엄한 보살승 가운데 머물고 그 생각하는 바 일체중생을 따라 다 법을 설하여 하여금 맑은 업을 증장하여 제도하여 해탈을 얻게 하되

疏

第八에 佛子下는 答前所念衆生을 咸令得度問이라 於中分三하리니 初는 結前起後요 二는 正明化度요 三은 結如本誓라 前中初는 結前이니 淸淨은 約離障이요 圓滿은 具事理요 不捨는 謂常相應이요 住大莊嚴者는 總結十度로 爲嚴이니 是大乘體요 後에 隨其所念下는 生後니 由具前故나라

제 여덟 번째 불자라고 한 아래는 앞[339]에 생각하는 바 중생을 다 하여금 제도함을 얻게 하느냐고 물은 것을 답한 것이다.

---

339 앞이란, 영인본 화엄 6책, p.237, 4행이다.

그 가운데 세 가지로 나누리니

처음에는 앞에 말을 맺고 뒤에 말을 일으키는 것이요

두 번째는 바로 교화하여 제도함을 밝힌 것이요

세 번째는 본래 서원과 같음을 맺는 것이다.

앞의 가운데 처음에는 앞에 말을 맺는 것이니,

청정하다고 한 것은 장애 떠남을 잡은 것이요

원만하다고 한 것은 사리를 갖춘 것이요

버리지 않는다고 한 것은 말하자면 항상 상응하는 것이요

큰 장엄에 머문다고 한 것은 십바라밀을 모두 맺는 것으로 장엄을

삼는 것이니 이것은 대승의 자체요

뒤에 그 생각하는 바 중생을 따른다고 한 아래는 뒤에 말을 일으키는

것이니

앞에 십바라밀 갖춘 것을 인유한 까닭이다.

經

堕惡道者에 敎使發心하며 在難中者에 令勤精進하며 多貪衆生
에 示無貪法하며 多瞋衆生에 令行平等하며 著見衆生에 爲說緣
起하며 欲界衆生에 敎離欲恚惡인 不善法하며 色界衆生에 爲其
宣說毘鉢舍那하며 無色界衆生에 爲其宣說微妙智慧하며 二乘
之人에 敎寂靜行하며 樂大乘者에 爲說十力과 廣大莊嚴하니라

악도에 떨어진 중생에게 하여금 발심하기를 가르치며
팔란 가운데 있는 중생에게 하여금 부지런히 정진케 하며
탐욕이 많은 중생에게 탐욕이 없는 법을 시현하며
성냄이 많은 중생에게 하여금 평등을 행하게 하며
소견에 집착한[340] 중생에게 연기법을 설하며
욕계의 중생에게 탐욕과 성냄의 악법인 불선한 법을 떠나기를
가르치며
색계의 중생에게 그 비발사나를 선설하며
무색계의 중생에게 그 미묘한 지혜를 선설하며
이승의 사람에게 고요한 행[341]을 가르치며
대승을 좋아하는 사람에게 십력十力[342]과 광대한 장엄을 설합니다.

---

340 소견에 집착한다고 한 것은 즉 痴이다.
341 원문에 적정행寂靜行이란, 대승大乘의 적정행寂靜行이다.
342 십력十力은 부처님의 힘이니, 여기서는 동사섭同事攝이 아니라 위로 상승함을
    말하는 것이다. 즉 이승二乘은 대승열반大乘涅槃, 대승은 불십력佛十力으로

疏

二에 墮惡道下는 正明化度라 文有十句하니 約爲四類하리라 初一은 令離惡果니 三塗除無間하고 皆容發心하나니 如慈童女하니라 二는 令勤修니 則脫八難하고 値佛聞法이라 次三은 令離惡因이니 貪有二種하니 上엔 偏語色貪일새 敎修不淨거니와 今엔 通語貪財名等일새 故로 但云示無貪法이라하니라 無貪法者는 謂不淨觀空과 少欲知足이라 二에 瞋亦二種이니 上엔 偏語能爲違害일새 故令修慈어니와 今엔 通瞋情非情일새 故觀同體하야 不應自瞋이라 三에 癡亦二種이니 已如上明거니와 此約邪癡일새 令觀緣起니라 次三은 令離流轉이니 三界循環을 皆可厭故니 初에 欲恚害等은 義見三地라 二에 色界는 雖定慧似均이나 然是定地라 恐其滯寂일새 故爲說觀하며 又無生正觀으로 令得無漏라 三에 無色은 定多일새 故爲說妙慧하며 又示諦觀하야 方得永出이라 後二는 示以三乘하야 隨機爲說하며 又引權歸實하야 令知本寂이라

두 번째 악도에 떨어진다고 한 아래는 바로 교화하여 제도함을 밝힌 것이다.
경문에 열 구절이 있나니
묶어서 네 가지 종류로 하겠다.
처음에 한 구절[343]은 하여금 악도의 과보를 떠나게 하는 것이니

___

상승하기를 가르치는 것이다.

삼도三塗에 무간업無間業[344]을 제외하고는 다 발심을 용납하나니 자행동녀와 같다.

두 번째는 하여금 부지런히 수행케 하는 것이니

곧 팔난을 벗어나고 부처님을 만나 법문을 듣는 것이다.

다음에 세 가지는 하여금 악한 원인을 떠나게 하는 것이니

탐욕에 두 가지가 있나니 위[345]에서는 색탐만을 치우쳐 말하였기에 부정관만 닦기를 가르쳤거니와, 지금에는 재물과 명예 등을 탐하는 것을 모두 말하였기에 그런 까닭으로 다만 말하기를 탐욕이 없는 법을 시현한다 하였다.

탐욕이 없는 법이라고 한 것은 말하자면 부정한 줄 관찰하는 것과 공한 줄 관찰하는 것과 그리고 욕심을 적게 하는 것과 만족할 줄 아는 것이다.

두 번째 성냄도 또한 두 가지가 있나니

위에서는 능히 어기고 해치는 것만 치우쳐 말하였기에 그런 까닭으로 하여금 자비관만 닦게 하였거니와, 지금에는 유정과 무정에게 성내는 것을 모두 말하였기에 그런 까닭으로 한 몸인 줄 관찰하여 응당 스스로 성내지 말게 하는 것이다.

세 번째 어리석음도 또한 두 가지가 있나니

이미 위[346]에서 밝힌 것과 같거니와, 여기서는 사도師道의 어리석음을

343 一은 二라고 『잡화기』는 말하나 一이 옳다.
344 무간업無間業은 무간지옥無間地獄에 떨어질 업業이니 곧 오역죄五逆罪이다.
345 위란, 영인본 화엄 6책, p.279, 3행에 貪欲多者는 爲說不淨이라 한 것이다.
346 위란, 영인본 화엄 6책, 279, 9행에 病有二種하니 一者는 迷於事理에 敎觀法

230 청량국사화엄경소초

잡았기에 하여금 연기를 관찰케 하는 것이다.

다음에 세 가지는 하여금 유전함을 떠나게 하는 것이니

삼계에 순환하는 것을 다 가히 싫어하는 까닭이니

처음에 탐욕과 성냄과 해친다고 한 등은 뜻이 삼지에 나타나 있다.

두 번째 색계는 비록 선정과 지혜가 균등한 것 같지만 그러나 이
색계는 선정의 지위이다. 그 중생이 적멸에 빠질까 염려하기에
그런 까닭으로 비발사나관을 설하며 또 무생無生의 정관正觀으로
하여금 무루법을 얻게 하는 것이다.

세 번째 무색계는 선정이 많기에 그런 까닭으로 묘한 지혜를 설하며
또 제관諦觀[347]을 보여 바야흐로 영원히 벗어남을 얻게 하는 것이다.

뒤에 두 가지는 삼승을 보여 근기를 따라 설하며 또 방편을 이끌어
진실에 돌아가 하여금 본래 적멸을 알게 하는 것이다.

鈔

如慈童女者는 智度論說호대 慈行童女가 入海採寶할제 辭白其母한
대 母不從其志어늘 相別에 誤傷母一莖髮하고 便墮火盆地獄하야는
自省無罪러니 獄主가 具示罪相한대 便發大心하야 見諸罪人에 知同
此罪하고 便請火盆하야 普爲戴之하니 獄主瞋恚하야 以鐵叉擊頭한
대 尋便命終하야 生於天上이라하니라 貪有二種等은 略有此二나 然

相이요 二者는 惡邪推求하야 不信業因 운운이다. 따라서 『잡화기』에 삼종三
種은 이종二種의 잘못이라 하였다. 차본은 이미 교정되어 있다.
347 제관諦觀은 제일의제관이다. 역시 『잡화기』의 말이다.

準瑜伽二十六中인댄 總有五種이라 論云호대 貪有五種하니 一은 於
內身에 欲欲欲貪이요 二는 於外身에 婬欲婬貪이요 三은 境欲境貪이
요 四는 色欲色貪이요 五는 薩迦耶欲薩迦耶貪이라하니라 釋曰慈恩
解호대 初貪有二하니 一은 云於自內身에 初起欲界의 微少之欲일새
故名欲欲이요 次起重貪일새 故名欲貪이라하니라 二는 云內身은 是自
所欲之法일새 所以로 言於內身欲이요 於內身에 欲上起欲일새 故卽
能欲心을 此名欲貪이라 則初一欲字는 是所欲이요 第二는 是能欲이
요 第三欲字는 是結名이라하니라 釋曰後釋爲勝을 濮陽兩解하니 初
一은 同大乘法師의 後解이요 二는 云初之欲字는 義同於前이요 次一
欲字는 卽別境欲이 與貪俱時에 緣於所欲이니 欲緣之欲일새 重云欲
欲이요 後之一字도 亦是所欲이니 緣欲之貪일새 名爲欲貪이라하니라
釋曰此解이 不及前하니 以後一이 皆有別境欲故니라 然古後四가 皆
通二解라하니 思之可知일새 今亦存一하노라 今此雖二나 亦以攝五
하니 色貪은 卽初二요 財名等은 卽後三이니 財卽三四요 名兼第五라
等은 卽等三耳니라

자행동녀와 같다고 한 것은 『지도론』에 말하기를[348] 자행동녀가

---

[348] 원문에 지도론설智度論說 운운은 具云하면, 先時에 此女가 奉母를 至誠이라.
採薪賣而供母러니 及採寶去時하야 傷母一髮이라. 及歸時하야 見四玉女가
以四如意珠로 迎入琉璃城하야 四萬劫에 受樂하고 後에 至黃金城하니 三十
二玉女가 奉三十二如意珠하고 三十二劫에 受樂하고 後에 至火盆地獄하니
有一人이 以所載火盆으로 移安此女頭上而去하니 此爲自訴無罪니라.
地獄主가 云호대 汝前受快樂은 採薪供母之報어니와 今載火盆은 傷母一髮

바다에 들어가 보배를 캐려 할 때 그 어머니에게 하직을 고백한데,
어머니가 자기의 뜻을 따라 주지 않거늘 서로 이별함에 잘못하여
어머니의 한 가닥 머리를 상하게 하고 곧 화분火盆지옥에 떨어지고
는[349] 스스로 살펴봐도 죄가 없다 하더니, 옥주獄主가 죄의 모습을

莖之報라하니 女曰 幾時出去오하니 獄主曰 閻浮洲中에 福罪가 如汝者가
入地獄後에 汝가 以火盆으로 傳授라야 而出去라 云云하였다. 『유망기』의
말이다. 바로 아래 349 註가 이 해석이다.

『지도론智度論』에는 이 말이 없고, 『잡보장경雜寶藏經』 제일권에 있다.

[349] 곧 화분火盆지옥에 떨어진다고 한 등은 『지도론』에 말하기를 선시先時에
이 자행동녀가 어머니 받들어 모시기를 정성을 다하되 나무를 팔아 이전二錢
사전四錢을 받고 이에 육전六錢까지 이르더니, 급기야 보배를 캐러 감에
다다라 어머니의 한 가닥 머리카락을 상하게 하였다. 이런 상황에 이르러
바다에 들어가 보배를 캐고 돌아올 때 함께 갔던 벗을 다 잃고 홀로 걸어가고
있는데, 유리성의 네 옥녀(四玉女)가 보고 네 가지 여의주로 받들어 영접하여
사만겁을 쾌락을 받게 하고 내지 황금성에 이르니 서른두 옥녀가 서른두
가지 여의주로 받들어 영접하여 삼십이겁을 쾌락을 받게 하더니, 그 뒤에
이에 버리고 한 철위성 가운데 이르니 곧 화분火盆지옥이다. 그곳에 한
사람이 머리에 화분을 이고 있다가 곧 이고 있던 화분을 곧 자행동녀의
머리 위에 두고 가거늘 스스로 살피기를 죄가 없다 하니, 옥주獄主가 답하여
말하기를 먼저 받은 바 쾌락은 이 나무를 팔아 어머니를 봉양한 과보이고,
지금에 화분을 이고 있는 것은 이 어머니 한 가닥 머리카락을 상하게 한
과보이다. 자행동녀가 말하기를 어느 때에 나갈 수 있습니까. 옥주가 말하기
를 염부제 가운데 복도 죄도 그대와 더불어 같은 사람이 이 지옥에 들어와야
이에 가히 화분을 전하여 주고 나감을 얻을 것이다. 자행동녀가 말하기를
이 지옥 가운데 저와 같은 사람이 무릇 몇 사람이나 있습니까. 옥주가
말하기를 한량없이 많다. 그때 자행동녀가 곧 모든 화분을 널리 스스로
저가 이게 해주세요 하고 청하니, 겨우 이 마음을 내었는데 화분이 머리에서

갖추어 시현한데 곧 큰마음을 일으켜 모든 죄인을 봄에 이 죄와 같은 줄 알고 곧 화분지옥을 자청하여 널리 그 죄인들을 위하여 화분을 머리에 이니, 옥주가 성을 내어 쇠 비녀로 머리를 친데 곧 목숨이 다하여 천상에 태어났다 하였다.

탐욕에 두 가지가 있다고 한 등은 간략하게는 이 두 가지[350]만 있지만 그러나『유가론』이십육권 가운데를 기준한다면 모두 다섯 가지가 있다.

『유가론』에 말하기를 탐욕에 다섯 가지가 있나니

첫 번째는 내신內身에 욕망하고 욕망하는 욕탐欲貪이요

두 번째는 외신外身에 음행을 욕망하는 음탐婬貪이요

세 번째는 경계를 욕망하는 경탐境貪이요

네 번째는 색色을 욕망하는 색탐色貪이요

다섯 번째는 살가야薩迦耶[351]를 욕망하는 살가야탐이다 하였다.

해석하여 말하면 자은법사가 해석하기를 처음 탐욕에 두 가지가 있나니

첫 번째는 말하기를 스스로 내신內身에 처음 욕계의 작은 욕망을 일으키기에 그런 까닭으로 이름을 욕망하고 욕망한다 한 것이요

곧 떨어지니 옥주가 성을 내어 말하기를 운운하였다. 역시『잡화기』의 말이다.『유망기』는 두 줄 앞 초문 초두에『지도론』이라는 말에 이 말을 인용하여 설명하였으나 뜻은 더 잘 나타나고 문장은 조금 요약되었다. 이미 말한 것처럼『지도론』에는 이 말이 없고『잡보장경雜寶藏經』제일권에 있다.

350 이 두 가지란, 1. 색탐色貪, 2. 재명탐財名貪이다.

351 살가야薩迦耶란, 身이다.

다음에 거듭 탐욕을 일으키기에 그런 까닭으로 이름을 욕탐이라
한다 하였다.

두 번째는 말하기를 내신은 스스로 욕망하는 바 법이기에 그런
까닭으로 내신에 욕망한다 말한 것이요

내신에 욕망하는 분상에 욕망을 일으키기에 그런 까닭으로 곧 능히
욕망하는 마음을 이 이름을 욕탐이라 하는 것이다.

곧 처음 제일에 욕자欲字는 이 소욕이요

제 두 번째 욕자는 이 능욕이요

제 세 번째 욕자는 이 탐욕의 이름을 맺는 것이다 하였다.

해석하여 말하면 뒤에 해석이 수승함이 되는 것을 복양濮陽대사[352]가
두 가지로 해석하였으니

처음에 한 가지는 대승법사大乘法師[353]의 뒤에 해석과 같은 것이요

두 번째는 말하기를 처음에 욕欲 자는 뜻이 앞에서 말한 것과 같고
다음에 한 욕 자는 곧 다른 경계를 욕망하는 것이 탐욕으로 더불어
함께 할 때에 욕망할 바를 반연하는 것이니, 욕망할 바를 반연하는
욕망이기에 거듭 말하기를 욕망하고 욕망한다 한 것이요

뒤에 한 욕 자도 역시 소욕이니, 욕망할 바를 반연하는 탐욕이기에
이름을 욕탐이라 한다 하였다.

해석하여 말하면 이 해석이 앞[354]의 해석에 미치지 못하나니[355] 뒤에

---

352 복양濮陽은 지주대사智周大師를 말한다. 복양은 지명地名이니, 지주대사智周
    大師가 복양濮陽의 보성사에 있었기에 하는 말이다.

353 대승법사大乘法師는 자은慈恩 규기법사를 말함이다.

354 이 해석이란 복양법사이고, 앞이란 자은법사이다.

한 가지[356]가 다 다른 경계를 욕망함이 있는 까닭이다.

그러나 고인[357]은[358] 뒤에 네 가지가 다 두 가지 해석[359]에 통한다 하였으니

---

355 이 해석이 앞의 해석에 미치지 못한다고 한 등은 그 뜻에 말하기를 만약 이 가운데 제 두 번째 욕欲 자(욕욕欲欲이라 한 것)를 별경別境 가운데 욕欲으로 해석한다면 뒤에 네 가지 가운데 각각 하나의 욕欲 자도 다 별경의 욕이라 하여야 그 예가 이에 옳거늘, 저 뒤에 네 가지 욕欲 자가 이미 별경의 욕이 아니라고 한다면 곧 감히 이 제 두 번째 욕欲 자로 별경을 삼는 것을 허락하지 않을 것이다. 대개 별경 가운데 욕은 이것은 즐거움을 희망하는 것이니 선과 악에 통하는 것이다. 그러나 지금 가운데 음욕이라 말하고 경욕境欲이라 말한 등은 다 이것은 악욕惡欲인 까닭으로 가히 이 별경 가운데 욕이라고 말할 수 없는 것이다. 그렇다면 곧 능욕能欲으로써 해석하여야 이에 그 뜻을 얻을 것이다. 강사가 말하기를 뒤에 네 가지 가운데 욕이 이미 다 이 별경의 욕이라고 하였다면 곧 가히 유독 이 가운데 다음에 욕 자(욕욕欲欲이라 한 것)로 별경의 욕을 삼을 수 없는 것이니, 별경의 욕이라는 말은 널리 통하는 까닭이라 하였다. 역시 『잡화기』의 말이나 뒤에 네 가지라고 한 것은 영인본 화엄 6책, p.318, 1행의 『유가론』 26권에 말한 탐욕의 다섯 가지 가운데 뒤에 네 가지를 말하는 것이다.

356 원문에 후일後一은 오종욕탐五種欲貪에 後一이다.

357 고인古人은 복양濮陽이다.

358 그러나 고인 운운한 것은 그 뜻에 말하기를 지금 가운데 다만 한 가지에 두 가지 해석이 있는 것은 저 두 스님(복양스님과 자은스님)이 다 다만 처음에 탐욕만 해석하고 이에 말하기를 뒤에 네 가지도 다 두 가지 해석에 통한다 하니, 생각하면 가히 알 수 있기에 지금에도 또한 고인의 해석을 본받을 뿐이다. 역시 『잡화기』의 말이다.

359 두 가지 해석이란, 영인본 화엄 6책, p.318, 9행에 복양濮陽의 두 가지 해석(兩解)이다.

생각하면 가히 알 수 있을 것이기에 지금에는 또한 한 가지³⁶⁰만
둔다.

지금에는 이 탐욕이 비록 두 가지³⁶¹만 있지만 또한 다섯 가지를
섭수하나니,

색탐은 곧 처음에 두 가지요.

재물과 명예 등은 곧 뒤에 세 가지이니

재탐은 곧 세 번째와 네 번째요³⁶²

명탐은 제 다섯 번째를 겸한 것이다.

등等³⁶³이라고 한 것은 곧 세 가지³⁶⁴를 등취하는 것이다.

---

360 한 가지란, 욕탐欲貪이다.

361 두 가지란, 색탐色貪과 재명탐財名貪이다.

362 재탐은 곧 세 번째와 네 번째라고 한 것은, 이 색은 이 세간의 청황 등과
적의適意와 열정悅情의 색이요, 남녀의 색이 아닌 까닭이다. 바로 아래 등等이
라고 한 것은 곧 색과 음식과 수면이니 아울러 『대명법수』 24권, 초, 6장,
하변下邊을 볼 것이다. 역시 『잡화기』의 말이다.

363 등等이란, 소문疏文에 탐貪, 재財, 명名이라 한 등等이다.

364 세 가지란, 색과 음식과 수면이다.

經

如其往昔初發心時에 見無量衆生이 墮諸惡道하고 大師子吼로
作如是言호대 我當以種種法門으로 隨其所應하야 而度脫之라
하야 菩薩이 具足如是智慧하야 廣能度脫一切衆生케하니라

그 보살이 지나간 옛날에 처음 발심할 때 한량없는 중생이 모든
악도에 떨어진 것을 보고 큰 사자후로 이와 같은 말을 하되 내가
마땅히 가지가지 법문으로써 그들이 응하는 바를 따라서 제도하여
해탈케 하리라 한 것과 같이, 지금에 보살이 이와 같은 지혜를
구족하여 널리 일체중생을 능히 제도하고 능히 해탈케 합니다.

疏

三에 如其往昔下는 結如本誓니 故能眞度라 師子吼者는 決定度
故니라

세 번째 그 보살이 지나간 옛날이라고 한 아래는 본래의 서원과
같음을 맺는 것이니,
그런 까닭으로 능히 진실로 제도하는 것이다.
사자후라고 한 것은 결정코 제도하는 까닭이다.

經

佛子야 菩薩이 具足如是智慧하야 令三寶種으로 永不斷絶케하
나니 所以者何오 菩薩摩訶薩이 敎諸衆生하야 發菩提心일새 是
故로 能令佛種不斷하며 常爲衆生하야 開闡法藏일새 是故로 能
令法種不斷하며 善持敎法하야 無所乖違일새 是故로 能令僧種
不斷케하니라 復次悉能稱讚一切大願일새 是故로 能令佛種不
斷하며 分別演說因緣之門일새 是故로 能令法種不斷하며 常勤
修習六和敬法일새 是故로 能令僧種不斷케하니라 復次於衆生
田中에 下佛種子일새 是故로 能令佛種不斷하며 護持正法호대
不惜身命일새 是故로 能令法種不斷하며 統理大衆호대 無有疲
倦일새 是故로 能令僧種不斷케하니라 復次於去來今佛과 所說
之法과 所制之戒를 皆悉奉持하야 心不捨離일새 是故로 能令佛
法僧種으로 永不斷絶케하니라

불자여, 보살이 이와 같은 지혜를 구족하여 삼보의 종성으로 하여
금 영원히 끊어지지 않게 하나니
무슨 까닭인가.
보살마하살이 모든 중생을 교화하여 보리심을 일으키게 하기에
이런 까닭으로 능히 부처님의 종성으로 하여금 끊어지지 않게
하며
항상 중생을 위하여 법장을 열기에 이런 까닭으로 능히 법의 종성으
로 하여금 끊어지지 않게 하며

교법을 잘 가져 어기는 바가 없기에 이런 까닭으로 능히 스님의
종성으로 하여금 끊어지지 않게 합니다.

다시 다음에 다 능히 일체 대원을 칭찬하기에 이런 까닭으로 능히
부처님의 종성으로 하여금 끊어지지 않게 하며

인연의 법문을 분별하여 연설하기에 이런 까닭으로 능히 법의
종성으로 하여금 끊어지지 않게 하며

항상 부지런히 육화경六和敬의 법을 닦아 익히기에 이런 까닭으로
능히 스님의 종성으로 하여금 끊어지지 않게 합니다.

다시 다음에 중생의 마음 밭 가운데 부처님의 종자를 심기에 이런
까닭으로 능히 부처님의 종성으로 하여금 끊어지지 않게 하며

정법을 호지하되 몸과 목숨을 아끼지 않기에 이런 까닭으로 능히
법의 종성으로 하여금 끊어지지 않게 하며

대중을 통솔하고 다스리되 피곤해하거나 싫어함이 없기에 이런
까닭으로 능히 스님의 종성으로 하여금 끊어지지 않게 합니다.

다시 다음에 과거·미래·지금의 부처님과 설하신 바 법과 제정하신
바 계율을 다 받들어 가져 마음에 버리지 않기에 이런 까닭으로
능히 부처님과 법과 스님의 종성으로 하여금 영원히 끊어지지
않게 합니다.

疏

第九에 佛子下는 答前紹三寶種하야 使不斷絶問이라 文分爲二리
니 初는 仍前總標요 二에 所以下는 徵釋所以니 由化衆生하야 入三

寶海일새 故能紹前하야 令不斷也니라 文有四番하야 爲成十句하
니 前九別明이요 後一總結이라 就初三番하야 釋通總別이나 然皆
後後가 轉深前前이니 通者는 通在諸位요 別者는 初在十信하고
次居三賢하고 後約登地라

제 아홉 번째 불자라고 한 아래는 앞365에 삼보의 종성을 이어 하여금
끊어지지 않게 하느냐고 물은 것을 답한 것이다.
경문을 나누어 두 가지로 하리니
처음에는 앞의 말을 인하여 한꺼번에 표한 것이요
두 번째 무슨 까닭인가라고 한 아래는 그 이유를 묻고 해석한 것이니
중생을 교화하여 삼보의 바다에 들어가게 함을 인유하기에 그런
까닭으로 능히 앞을 이어 하여금 삼보의 종성이 끊어지지 않게
하는 것이다.

경문에 사번四番이 있어 열 구절을 이루었으니366
앞에 아홉 구절은 따로 밝힌 것이요
뒤에 한 구절은 모두 맺는 것이다.
처음 삼번三番에 나아가 총總과 별別로 석통하였지만 그러나 다
뒤에 뒤에가 앞에 앞에보다 전전히 깊어지나니

---

365 앞이란, 영인본 화엄 6책, p.237, 4행이다.
366 원문에 사번위성십구四番爲成十句라고 한 것은, 보살마하살菩薩摩訶薩과 삼
　　부차三復次가 卽四番이니 初菩薩과 次二復次가 각각 三句이고, 後一復次가
　　一句이니 十句이다.

통석은 모든 지위에 함께 있는 것이요

별석은 처음에는 십신에 있고 다음에는 삼현에 있고 뒤에는 등지登地
에 있음을 잡은 것이다.

疏

三番에 佛種差別은 云何고 初는 敎發心하야 令具因性이니 未發엔
唯有本住性故라 次는 讚大願하야 令成因行이니 令所發心으로 不
退轉故라 言大願者는 謂求菩提願과 利樂有情願이라 又防惡願
이니 如戒經說이요 有進善願이니 如常所明이라 三은 下佛種子하
야 令成佛智니 謂證眞如하야 成無漏故니라 上約別顯이라 通者는
發菩提心이니 總有三心하니 謂卽大悲와 大願大智라 初番爲總이
니 已含大悲요 次番是願이요 後番是智니 謂示妙理하야 令暫見心
性하야 成金剛種이라

삼번에 부처님의 종성은 차별이 어떠한가.

처음[367]에는 발심을 가르쳐 하여금 인성因性을 갖추게 하는 것이니
발심하기 전에는 오직 본래 머문 자성에만 있는 까닭이다.

다음[368]에는 대원을 찬탄하여 하여금 인행因行을 이루게 하는 것이니
발심한 바로 하여금 물러나지 않게 하는 까닭이다.

대원이라고 말한 것은 말하자면 보리를 구하려는 서원과 유정을

---

367 처음이란, 일번一番이다.
368 다음이란, 이번二番이다.

이락게 하려는 서원이다.

또 악한 것을 막으려는 서원이니 계경戒經[369]에 설한 것과 같고,

또 선한 것에 나아가려는 서원이니 평소에 설한 바와 같다.

세 번째[370]는 부처님의 종자를 심어 하여금 부처님의 지혜를 이루게 하는 것이니,

말하자면 진여를 증득하여 무루지혜를 이루게 하는 까닭이다.

이상은 따로 나타냄을 잡은 것이다.

한꺼번에 나타낸다고 한 것은 보리심을 일으키는 것이니,

모두 세 가지 마음이 있나니 말하자면 곧 대비심과 대원심과 대지심이다.

초번은 총석이 되는 것이니

이미 대비를 포함하고 있는 것이요

차번은 대원이요

후번은 대지이니

말하자면 묘리를 보여 하여금 잠시 심성을 보아 금강의 종성을 이루게 하는 것이다.

鈔

又防惡願等者는 梵網經云호대 發十大願已에 持佛禁戒하야 作是願

言호대 寧以此身으로 投熾然猛火大坑하며 及上刀山이언정 終不以
毀犯三世諸佛經律하야 與一切女人으로 作不淨行호리라하야 有十
二願하고 兼結云호대 願一切衆生이 皆得成佛이어다하니 爲十三願
이라

또 악한 것을 막으려는 서원이라고 한 등은 『범망경』에 말하기를
열 가지 서원을 일으킨 이후에 부처님의 금계를 가져 이런 서원을
지어 말하기를, 차라리 이 몸으로써 치성하고 맹렬한 불길의 큰
구덩이[371]에 던지며 그리고 칼산[372]에 오를지언정 마침내 삼세에
모든 부처님의 경율을 훼손하고 범하여 일체 여인으로 더불어 부정
한 행을 짓지 않으리라 하여 열두 가지 서원이 있고, 겸하여 맺어
말하기를 원컨대 일체중생이 다 성불함을 얻어지이다 하였으니
열세 가지 서원이 되는 것이다.

疏

三番에 法種差別相者는 初開法藏하야 令敎不斷이요 次說因緣하
야 令義不斷이요 後具四種護하야 令敎理行證으로 皆悉不斷이라
復次初雖領敎나 未發眞解요 次는 具解行이나 未能證故니라

삼번에 법의 종성이 차별한 모습이라고 한 것은 초번은 법장을

---

371 원문에 맹화대갱猛火大坑은 十一願이다.
372 원문에 도산刀山은 十二願이다.

열어서 교법으로 하여금 끊어지지 않게 하는 것이요

차번은 인연을 설하여 뜻으로 하여금 끊어지지 않게 하는 것이요

후번은 네 가지 호지할 것[373]을 갖추어 교·리·행·증으로 하여금 끊어지지 않게 하는 것이다.

다시 다음이라 한 초번은 비록 교법(教)을 영수하였지만 아직 진실한 해解를 일으키지 아니한 것이요

차번은 해解와 행行을 갖추었지만 아직 능히 증득(證)하지 못한 까닭이다.

疏

三番에 僧種은 有何差別고 初는 受法無乖하야 始墮僧數요 次는 修六和敬하야 僧行已成이요 後는 統理大衆하야 令僧淸淨이라 復次初는 雖奉教나 解行未具하야 未是眞和요 次는 雖具解行이나 未離衆怖하야 不能控御니라 言六和者는 三業爲三하고 及戒見利니 謂身和同集과 口和無諍과 意和無違와 見和同解와 戒和同奉과 利和同均이라 又約菩薩인댄 三業同慈하야 六皆同體가 眞實和也니 一切恭敬하야 令僧久住니라

삼번에 스님의 종성은 어떤 차별이 있는가.

초번은 법을 영수하는 것이 어김이 없어서 처음 스님의 숫자에 떨어지는 것이요

___
373 원문에 사종호四種護는 교教·리理·행行·증證이다.

차번은 육화경을 닦아 스님의 행이 이미 이루어진 것이요

후번은 대중을 통솔하고 다스려 스님으로 하여금 청정케 하는 것이다.

다시 다음이라 한 초번은 비록 교법을 받들어 가졌지만 해와 행이 갖추어지지 아니하여 진실한 화합이 되지 못하는 것이요

차번은 비록 해와 행을 갖추었지만 대중의 두려움을 떠나지 못하여 능히 고[374]하여 제어하지 못하는 것이다.

육화라고 말한 것은 삼업이 셋이 되고 그리고 계율과 지견(見)과 이익(利)이니,

말하자면 몸이 화합하여 함께 모이는 것과

입이 화합하여 다툼이 없는 것과

뜻이 화합하여 어김이 없는 것과

지견이 화합하여 함께 이해하는 것과

계율이 화합하여 함께 받드는 것과

이익이 화합하여 함께 고르게 하는 것이다.

또 보살을 잡아 말한다면 삼업이 함께 자비하여 여섯 가지가 다 한 몸인 것이 진실한 화합이니,

일체가 공경하여 스님으로 하여금 오래 머물게 하는 것이다.

鈔

言六和者下는 別釋六和敬이라 先은 依律釋이니 正在小乘하고 義通

---

374 控은 '고할 공' 자이다.(告)

大小라 又約菩薩下는 後에 約菩薩明이니 則外同他善을 謂之爲和요 內自謙卑를 名之爲敬이라 言三業同慈者는 大小異故니라 又三은 名行和요 無有利和라 一은 同戒和敬이니 菩薩이 通達實相하야 知罪不可得이나 爲欲安立衆生을 於實相理코자하야 以戒方便으로 巧同一切하야 持諸戒品하야 無有乖諍케하며 亦知衆生이 同此戒善하야 不斷不常하면 未來에 必得菩提大果일새 是以敬之如佛하나니 故說同戒하야 以爲和敬이라하니라 二는 同見和敬이니 菩薩이 通達實相하야 不得諸法하고 不知不見이나 爲欲安立衆生을 於實相正見코자하야 方便으로 巧同一切하야 種種知見이 無有乖諍케하며 亦知衆生이 因此知見하야 分別增進開解하면 必得種智圓明일새 是以敬之如佛하나니 故說同見하야 以爲和敬이라하니라 三은 同行和敬이니 菩薩이 通達實相하야 無念無行이나 爲欲安立衆生을 於實相正行코자하야 方便으로 巧同一切하야 修種種行하야 無有乖諍케하며 亦知衆生이 因此諸行하야 漸積功德하야 皆當成佛일새 是以敬之如佛하나니 故說同行하야 以爲和敬이라하니라 四는 身慈和敬이니 菩薩이 住於無緣大慈하야 以修其身하야 慈善根力으로 能不起滅定하고 現諸威儀하야 與一切樂일새 故身與九道로 和同하며 亦知前所得樂衆生이 悉有佛性하야 未來에 必定當得金剛之身일새 是以敬之如佛하나니 故說身慈하야 以爲和敬이라하니라 五는 口慈和敬이니 菩薩이 以無緣平等大慈로 以修其口하야 慈善根力으로 能不起滅定하고 普出一切音聲言詞하야 與一切樂일새 故口與九道和同하며 亦知前得樂衆生이 悉有佛性하야 未來에 必定當得無上口業일새 是以敬之如佛하나니 故說口慈하야 以爲和敬이라하니라 六意慈和敬이니 菩薩之心이 常在

無緣大慈三昧하야 以修於意하야 慈善根力으로 能不起滅定하고 現
諸心意하야 與衆生樂일새 故意與九道和同하며 亦知前所得樂衆生
이 悉有佛性인 如來藏理하야 未來에 必定當得心如佛心일새 是以敬
之如佛하나니 故說意慈하야 以爲和敬이라하나라

육화라고 말한 것이라고 한 아래는 육화경을 따로 해석한 것이다.
먼저는 계율을 의지하여 해석한 것이니
바로는 소승에 있고, 뜻으로는 대승과 소승에 통하는 것이다.

또 보살을 잡아 말한다고 한 아래는 뒤에는 보살을 잡아 밝힌 것이니
곧 밖으로 다른 사람의 선함과 함께 하는 것을 일러 화합이라 하는
것이요
안으로 스스로 겸손하여 낮추는 것을 이름하여 공경하는 것이라
하는 것이다.

삼업이 함께 자비하다고 말한 것은 대승과 소승이 다른 까닭이다.
또 삼업은 이름이 행동이 화합하는 것이요
이익이 화합하는 것은 없다.

첫 번째는 계율을 같이하여 화합하고 공경하는 것이니,
보살이 실상을 통달하여 죄보를 가히 얻을 것이 없는 줄 알지만
중생을 실상의 진리에 안립하고자 하기 위하여 계율의 방편으로써
일체중생과 교묘하게 같이하여 모든 계품을 가져 어기거나 다툼이

없게 하며

또 중생이 이 계율의 선함과 같이하여[375] 끊어짐도 없고 영원함도 없이 하면 미래에 반드시 보리의 대가를 얻는 줄 알기에 이런 까닭으로 공경하기를 부처님과 같이 하나니,

그런 까닭으로 말하기를 계율을 같이하여 화합하고 공경한다 하였다.

두 번째는 지견을 같이하여 화합하고 공경하는 것이니,

보살이 실상을 통달하여 모든 법을 얻을 것도 없고 알 것도 없고 볼 것도 없는 줄 알지만 중생을 실상의 바른 지견에 안립하고자 하기 위하여 방편으로 일체중생과 교묘하게 같이하여 가지가지 지견이 어기거나 다툼이 없게 하며

또 중생이 이 지견을 인하여 분별하고 증진하고 열어 알면 반드시 일체종지의 원명함을 얻는 줄 알기에 이런 까닭으로 공경하기를 부처님과 같이 하나니,

그런 까닭으로 말하기를 지견을 같이하여 화합하고 공경한다 하였다.

세 번째는 행동을 같이하여 화합하고 공경하는 것이니,

보살이 실상을 통달하여 생각할 것도 없고 행할 것도 없는 줄 알지만

---

375 동차同此라 한 동同 자는 『잡화기』에 인因 자의 잘못이라 하였다. 그러나 동同 자라도 무방하다. 두 줄 앞에 동계同戒라 한 것과 같다.

중생을 실상의 바른 행동에 안립하고자 하기 위하여 방편으로 일체 중생과 교묘하게 같이하여 가지가지 행을 닦아 어기거나 다툼이 없게 하며

또 중생이 이 모든 행을 인하여 점점 공덕을 쌓아 다 마땅히 성불할 줄 알기에 이런 까닭으로 공경하기를 부처님과 같이 하나니,

그런 까닭으로 말하기를 행동을 같이하여[376] 화합하고 공경한다 하였다.

네 번째는 몸을 자비롭게 하여 화합하고 공경하는 것이니,

보살이 무연의 대자비에 머물러 그 몸을 닦아 자비한 선근의 힘으로써 능히 멸진정에서 일어나지 않고 모든 위의威儀를 나타내어 일체중생에게 즐거움을 주기에 그런 까닭으로 몸이 구도九道중생[377]으로 더불어 화합하여 같이하며

또 앞에 즐거움을 얻은 바 중생이 다 불성이 있어서 미래에 반드시 결정코 마땅히 금강의 몸을 얻는 줄 알기에 이런 까닭으로 공경하기를 부처님과 같이 하나니,

그런 까닭으로 말하기를 몸을 자비롭게 하여 화합하고 공경한다 하였다.

다섯 번째는 입을 자비롭게 하여 화합하고 공경하는 것이니,

---

376 원문에 동행同行이라 한 아래에 이以 자가 있어야 한다.
377 구도중생九道衆生은 삼계구지三界九地(九類) 중생衆生이다. 『잡화기』는 구도 는 오히려 구지라 말해야 하지 않는가 하였다.

보살이 무연의 평등한 대자비로써 그 입을 닦아 자비한 선근의 힘으로써 능히 멸진정에서 일어나지 않고 널리 일체 음성과 말을 내어 일체중생에게 즐거움을 주기에 그런 까닭으로 입이 구도중생으로 더불어 화합하여 같이하며

또 앞에 즐거움을 얻은 바 중생이 다 불성이 있어서 미래에 반드시 결정코 마땅히 더 이상 없는 구업을 얻는 줄 알기에 이런 까닭으로 공경하기를 부처님과 같이 하나니,

그런 까닭으로 말하기를 입을 자비롭게[378] 하여 화합하고 공경한다 하였다.

여섯 번째는 마음을 자비롭게 하여 화합하고 공경하는 것이니, 보살의 마음이 항상 무연의 대자비삼매에 있어 저 마음을 닦아 자비한 선근의 힘으로써 능히 멸진정에서 일어나지 않고 모든 마음을 나타내어 중생에게 즐거움을 주기에 그런 까닭으로 마음이 구도중생으로 더불어 화합하여 같이하며[379]

또 앞에 즐거움을 얻은 바 중생이 다 불성인 여래장의 진리가 있어서 미래에 반드시 결정코 마땅히 마음이 부처님의 마음과 같음을 얻는 줄 알기에 이런 까닭으로 공경하기를 부처님과 같이 하나니,

그런 까닭으로 말하기를 마음을 자비롭게[380] 하여 화합하고 공경한다 하였다.

---

378 자慈 자 아래에 이以 자가 있어야 한다.
379 원문에 동화同和는 화동和同이 옳다.
380 慈 자 아래에 以 자가 있어야 하고 아래 也 자는 없는 것이 좋다.

疏

後에 總句者는 弘法奉戒하야 三學兼修니 則不斷三寶하고 化化不
絶이라

뒤에 모두 맺는 구절은 법을 홍포하고 계를 받들어 가져 삼학을
겸하여 닦는 것이니,
곧 삼보가 끊어지지 않게 하고 교화가 끊어지지 않게 하는 것이다.

經

菩薩이 如是紹隆三寶일새 一切所行이 無有過失하며

보살이 이와 같이 삼보를 이어 융성하게 하기에 일체 행하는 바가 허물이 없으며

疏

第十에 菩薩如是下는 答前善根方便이 皆悉不空問이라 先略後廣이라 略中分三하리니 初는 結前生後니 謂由能紹三寶故로 所行無失이라

제 열 번째 보살이 이와 같이라고 한 아래는 앞[381]에 선근의 방편이 다 헛되지[382] 않느냐고 물은 것을 답한 것이다.
먼저는 간략하게 설한 것이요
뒤에는 폭넓게 설한 것이다.
간략하게 설한 가운데 세 가지로 나누리니
처음에는 앞에 말을 맺고 뒤에 말을 일으키는 것이니,
말하자면 능히 삼보를 이어 융성하게 함을 인유한 까닭으로 행하는 바가 허물이 없는 것이다.

---

381 앞이란, 영인본 화엄 6책, p.237, 5행이다.
382 空 자는 앞(前)에는 虛 자였다.

經

隨有所作하야 皆以迴向一切智門일새 是故三業이 皆無瑕玷하며

지은 바가 있음을 따라 모두 일체 지혜의 문에 회향하기에 이런
까닭으로 삼업이 다 허물이 없으며

疏

二에 隨有下는 由不空故로 三業無瑕니 謂所作迴向이 是不空業
이라

두 번째 지은 바가 있음을 따른다고 한 아래는 헛되지 아니함을
인유한 까닭으로 삼업이 허물이 없나니,
말하자면 지은 바를 회향하는 것이 이것이 헛되지 않는 업이다.

無瑕玷故로 所作衆善과 所行諸行으로 敎化衆生하야 隨應說法
호대 乃至一念도 無有錯謬하고 皆與方便과 智慧相應하야 悉以
向於一切智智하야 無空過者니라

허물이 없는 까닭으로 지은 바 수많은 선업과 행한 바 모든 행으로
중생을 교화하여 응함을 따라 법을 설하되 내지 한 생각도 착오가
없고 다 방편과 지혜로 더불어 상응하여 모두 일체 지혜와 지혜에
회향하여 헛되이 지나는 사람이 없을 것입니다.

三에 無瑕玷故下는 由無瑕故로 不空所作이니 反覆相成이라 玉之
內病曰瑕니 瑕謂體破요 外病曰玷이니 玷謂色污라 以顯三業이
內外無失이니 故로 白珪之玷은 尙可磨也어니와 三業之玷은 不可
爲也니라

세 번째 허물이 없는 까닭이라고 한 아래는 허물이 없음을 인유한
까닭으로 지은 바가 헛되지 않는 것이니,
반복하여 상성하는 것이다.
구슬 가운데 흠을 하瑕라 말하는 것이니
하瑕는 자체가 깨진 것을 말하는 것이요,
구슬 밖에 흠을 점玷이라 말하는 것이니

접玷은 색이 오염된 것을 말하는 것이다.

삼업이 안과 밖으로 허물이 없는 것을 나타낸 것이니,

그런 까닭으로 흰 구슬의 흠은 오히려 가히 갈아 쓸 수 있거니와

삼업의 흠은 가히 어찌할 수 없는 것이다.

鈔

白圭下는 見詩大雅抑篇하니 曰白圭之玷은 尙可磨也어니와 斯言之
玷은 不可爲也라하야늘 毛傳云호대 玷은 缺也라하니라 論語記南容이
三復白圭라하니 謂其誦詩라가 至此三復讀之는 意在謹言하야 雋永
鄭重이어니와 今疏側用할새 故加三業이라

흰 구슬이라고 한 아래는 『시전詩典』 대아大雅의 억편抑篇[383]을 보니
거기에 말하기를 흰 구슬의 흠은 오히려 가히 갈아 쓸 수 있거니와
이 말의 흠은 가히 어찌할 수 없다 하였거늘, 『모전毛傳』[384]에 말하기
를 흠(玷)은 이지러진(缺) 것이다 하였다.

『논어』에[385] 기록하기를 남용이 흰 구슬에 대한 시를 세 번 반복하여

---

383 억편抑篇이란, 억편抑篇은 시詩(『詩經』)의 시작이 抑抑威儀는 維德之隅요
   人亦有言호대 靡哲不愚라 한 데서 기인한 것이다.

384 『모전毛傳』은 하간헌왕河間獻王에게 조趙나라 모공毛公이라는 사람이 시詩를
   전전傳傳한 것이다. 그 뒤 후한시대後漢時代 대학자大學者 정현鄭玄이 이 『모시毛
   詩』에 주注를 달게 되어 단연히 삼가시三家詩를 압도하였다. 삼가시三家詩는
   노시魯詩, 한시韓詩, 제시齊詩이다.

385 『논어』에 운운은 『논어論語』 제십일권, 선진편先進篇에 南容이 三復白圭어

외운다 하였으니,

말하자면 그 남용이 시詩를 외우다가 여기에 이르러 세 번 반복하여 외운 것은 그 뜻이 말을 삼가하여 의미심장하고 정중함[386]에 있거니 와, 지금 소문에서는 옆으로 인용하였기에 그런 까닭으로 삼업을 더하였다.[387]

늘 孔子가 以其兄之子로 妻之라 하였다. 선진先進은 선배, 후진後進은 후배 이다.

원문에 三復白圭는 남용南容이 하루에 세 번 반복하여 『시전詩傳』의 白圭之 玷은 尙可磨也 云云을 외웠다는 것이다.

『논어論語』 선진편先進篇 記에 말하기를 『詩傳』의 白圭章云호대 詩傳大雅 抑之篇曰 白圭之玷 云云을 南容이 一日에 三復此言 云云이라 하고, 대개 저 삼가는 말을 깊이 유의(蓋深有意於謹言也)하라 하였다. 『周易』에도 君子之 言行은 所以動天地니 可不愼乎라 하였다. 남용南容은 이 한 글귀로 공자孔子 의 조카사위가 되었다 할 수 있다.

386 원문에 전영雋永은 살지고 맛이 좋은 고기이니 의미가 심장함에 비유한 것이다. 雋은 '살진 고기 전' 자이다. 원문에 정중鄭重은 점잖고 묵직하다는 뜻이다. 또 雋은 맛의 뜻이고 永은 오래라는 뜻이니, 그 맛이 오래간다는 뜻이라고도 한다. 정중鄭重은 진중珍重이라고도 한다. 『잡화기』는 전영雋永 이라고 한 것은 『자휘字彙』(사전 종류)에 말하기를 전雋은 새가 살찐 것이니 괴削를 통틀어 이름한 것이 전영이니, 그 말이 의미심장함이 있음을 말하는 것이다 하였다. 정중鄭重이라고 한 것은 진중珍重(몸을 아껴 조심하는 것)함을 말하는 것이다고 하였다. 괴削는 '기름시초 괴'이다.

387 원문에 가삼업加三業이란, 斯言이라는 말을 三業이라고 하였다는 것이다.

疏

初句는 牒前이요 次에 所作下는 示無瑕相이요 後에 皆與下는 顯不空相이라 方便有慧하면 方便不空하고 慧有方便하면 慧亦不空이니 此는 辨所行不空이요 迴向智智는 辨趣果不空이라

처음 구절은 앞의 말을 첩석한 것이요
다음에 지은 바 수많은 선업이라고 한 아래는 허물이 없는 모습을 시현한 것이요
뒤에 다 방편과 지혜로 더불어라고 한 아래는 헛되지 않는 모습을 나타낸 것이다.
방편에 지혜가 있으면 방편이 헛되지 않고, 지혜에 방편이 있으면 지혜가 또한 헛되지 않나니
이것은 행한 바가 헛되지 아니함을 분별한 것이요
일체 지혜와 지혜에 회향한다고 한 것은 과보에 나아가는 것이 헛되지 아니함을 분별한 것이다.

鈔

方便不空者는 卽側用淨名의 有慧方便解句니라 下句는 卽有方便하면 慧解니 卽涉有나 不迷於空은 是方便有慧요 觀空이나 不迷於事는 卽慧有方便也니라

방편이 헛되지 않다고 한 것은 곧 『정명경』에 지혜가 있으면 방편을

안다 한 구절을 옆으로 인용한 것이다.

이 아래 구절은 곧 방편이 있으면 지혜를 안다 한 것이니,

곧 유를 간섭하지만 공에 미혹하지 않는 것은 이것은 방편에 지혜가 있는 것이요

공을 관찰하지만 사실에 미혹하지 않는 것은 곧 지혜에 방편이 있는 것이다.

經

菩薩이 如是修習善法하야 念念具足十種莊嚴하나니 何者爲十
고 所謂身莊嚴이니 隨諸衆生의 所應調伏하야 而爲示現故며 語
莊嚴이니 斷一切疑하야 皆令歡喜故며 心莊嚴이니 於一念中에
入諸三昧故며 佛刹莊嚴이니 一切淸淨하야 離諸煩惱故며 光明
莊嚴이니 放無邊光하야 普照衆生故며 衆會莊嚴이니 普攝衆會
하야 皆令歡喜故며 神通莊嚴이니 隨衆生心하야 自在示現故며
正敎莊嚴이니 能攝一切聰慧人故며 涅槃地莊嚴이니 於一處成
道에 周遍十方하야 悉無餘故며 巧說莊嚴이니 隨處隨時하고 隨
其根器하야 爲說法故니라 菩薩이 成就如是莊嚴하야 於念念中
에 身語意業을 皆無空過하야 悉以迴向一切智門하니라

보살이 이와 같이 선법을 닦아 익혀 생각 생각에 열 가지 장엄을
구족하나니

어떤 것이 열 가지가 되는가.

말하자면 몸을 장엄하는 것이니 모든 중생의 응당 조복할 바를
따라서 시현하는 까닭이며

말을 장엄하는 것이니 일체 의심을 끊어 다 하여금 환희케 하는
까닭이며

마음을 장엄하는 것이니 한 생각 가운데 모든 삼매에 들어가는
까닭이며

부처님의 국토를 장엄하는 것이니 일체가 청정하여 모든 번뇌를

떠나는 까닭이며

광명을 장엄하는 것이니 끝없는 광명을 놓아 널리 중생을 비추는 까닭이며

모인 대중을 장엄하는 것이니 널리 모인 대중을 섭수하여 다 하여금 환희케 하는 까닭이며

신통을 장엄하는 것이니 중생의 마음을 따라 자재로 시현하는 까닭이며

바른 가르침을 장엄하는 것이니 능히 일체 총명하고 지혜로운 사람을 섭수하는 까닭이며

열반의 땅을 장엄하는 것이니 한 처소에서 성도함에 시방에 두루하여 다 남음이 없게 하는 까닭이며

교묘한 말을 장엄하는 것이니 처소를 따르고 때를 따르고 그 근성을 따라 법을 설하는 까닭입니다.

보살이 이와 같은 장엄을 성취하여 생각 생각 가운데 몸과 말과 뜻의 업을 다 헛되이 지남이 없어서 모두 일체 지혜의 문에 회향합니다.

疏

第二에 菩薩如是下는 廣明이라 有二하니 初는 明自業不空이요
後는 辨利他不空이라 初中에 雖明不空이나 義兼無失이니 以一切
淸淨하야 離煩惱故며 又此無失이 卽自業不空이니 順止寂故라
文有標徵釋結하니 釋中에 皆先標後釋이라 初四는 依正莊嚴이요

次六은 攝化莊嚴이라 言涅槃地者는 以涅槃嚴地也니 謂隨有成
道하고 入涅槃處하야 當知其地가 即是金剛이니 今於一切處成인
댄 則無非金剛也라 標云涅槃이라하고 釋云成道라하니 文影略耳
니라

제 두 번째 보살이 이와 같이라고 한 아래는 폭넓게 밝힌 것이다.
여기에 두 가지가 있나니
처음에는 자기의 업이 헛되지 아니함을 밝힌 것이요
뒤에는 다른 사람을 이롭게 하는 것이 헛되지 아니함을 분별한
것이다.
처음 가운데 비록 헛되지 아니함을 밝혔지만 그 뜻은 허물이 없음을
겸하였으니 일체가 청정하여 번뇌를 떠난 까닭이며,
또 이 허물이 없는 것이 곧 자기의 업이 헛되지 않는 것이니 그쳐
고요함을 따르는 까닭이다.
경문에 이름을 표하고 묻고 해석하고 맺는 것이 있나니
해석한 가운데 다[388] 먼저는 이름을 표한 것이요,
뒤에는 해석한 것이다.
처음에 네 가지는 의보와 정보의 장엄이요
다음에 여섯 가지는 섭수하여 교화하는 장엄이다.

열반의 땅이라고 말한 것은 열반으로써 장엄한 땅[389]이니,

---

388 다(皆)란, 각 구절마다.
389 원문에 열반엄지涅槃嚴地는 열반처涅槃處가 곧 장엄처莊嚴處이다.

말하자면 성도하고 열반에 듦이 있는 곳을 따라 그 땅이 곧 금강인
줄 마땅히 알 것이니,
지금 일체 처소에서 성도하였다면 곧 금강이 아님이 없는 것이다.
이름을 표하는 데서는 열반이라 말하고, 해석하는 데서는 성도라
말하였으니[390]
경문이 그윽이 생략되었을 뿐이다.

鈔

涅槃嚴地也下는 卽涅槃經文이라 下當廣引이니 在文可見이라

열반으로써 장엄한 땅이라고 한 아래는 곧 『열반경』의 문장이다.
아래에 마땅히 폭넓게 인용할 것이니 경문에 있어 가히 볼 수 있을
것이다.

---

390 표標엔 열반지涅槃地 장엄莊嚴이라 하고, 석釋엔 일처성도一處成道라 하였다.

經

若有衆生이 見此菩薩하면 當知하라 亦復無空過者리니 以必當
成阿耨多羅三藐三菩提故며 若聞名若供養거나 若同住若憶念
거나 若隨出家거나 若聞說法거나 若隨喜善根거나 若遙生欽敬
거나 乃至稱揚讚歎名字하면 皆當得阿耨多羅三藐三菩提하리
라 佛子야 譬如有藥하니 名爲善見이라 衆生見者면 衆毒悉除인
달하야 菩薩如是하야 成就此法일새 衆生若見하면 諸煩惱毒이
皆得除滅하고 善法增長하리라

만약 어떤 중생이 이 보살을 본다면 마땅히 알아야 합니다. 또한
다시 헛되이 지날 사람이 없을 것이니 반드시 마땅히 아뇩다라삼먁
삼보리를 이루는 까닭이며
혹 이름을 듣거나 혹 공양하거나 혹 함께 머물거나 혹 기억하여
생각하거나 혹 따라 출가하거나 혹 설법하는 것을 듣거나 혹 선근을
따라 기뻐하거나 혹 멀리서 흠모하고 공경하는 마음을 내거나
내지 이름을 칭양하거나 찬탄한다면 다 마땅히 아뇩다라삼먁삼보
리를 얻을 것입니다.

불자여, 비유하자면 약이 있나니 이름이 선견입니다.
중생이 보기만 하면 수많은 독이 다 제멸되는 것과 같아서 보살도
이와 같아서 이 법을 성취하였기에 중생이 만약 보기만 하면 모든
번뇌의 독이 다 제멸됨을 얻고 선한 법이 증장될 것입니다.

疏

二에 若有衆生下는 利他不空이라 於中에 有法喩合하니 文則可知
라 佛與菩薩이 俱益不空이나 今不見者는 不宜見故요 見不益者는
無行力故며 亦遠益故라 上來에 並答所成之行問竟이라

두 번째 만약 어떤 중생이라고 한 아래는 다른 사람을 이롭게 하는
것이 헛되지 아니함을 밝힌 것이다.
그 가운데 법과 비유와 법합이 있나니,
경문은 곧 가히 알 수가 있을 것이다.
부처님과 더불어 보살이 함께 이익케 하는 것이 헛되지 않지만
지금에 보지 못하는 사람은 마땅히 볼 수 없는 까닭이요
보았지만 이익을 얻지 못하는 사람은 수행의 힘이 없는 까닭이며
또한 이익과 유원한 까닭이다.

상래[391]에 이를 바 행의 자체를 물은 것은 모두 답하여 마쳤다.

---

391 상래란, 영인본 화엄 6책, p.237, 6행이니 소문疏文을 기점으로 말한 것이다.

經

佛子야 菩薩摩訶薩이 住此法中하야 勤加修習하야 以智慧明으로 滅諸癡闇하며 以慈悲力으로 摧伏魔軍하며 以大智慧와 及福德力으로 制諸外道하며 以金剛定으로 滅除一切心垢煩惱하며 以精進力으로 集諸善根하며 以淨佛土한 諸善根力으로 遠離一切惡道諸難하며 以無所著力으로 淨智境界하며 以方便智慧力으로 出生一切菩薩諸地와 諸波羅蜜과 及諸三昧와 六通三明과 四無所畏하야 悉令淸淨하며 以一切善法力으로 成滿一切諸佛淨土와 無邊相好의 身語及心하야 具足莊嚴하며 以智自在觀察力으로 知一切如來의 力無所畏와 不共佛法이 悉皆平等하며 以廣大智慧力으로 了知一切智智境界하며 以往昔誓願力으로 隨所應化하야 現佛國土하고 轉大法輪하야 度脫無量無邊衆生케 하니라

불자여, 보살마하살이 이 법 가운데 머물러 부지런히 가행으로 닦아 익혀 지혜의 밝음으로써 모든 어리석음의 어둠을 제멸하며 자비의 힘으로써 마군을 꺾어 제복하며
큰 지혜와 그리고 복덕의 힘으로써 모든 외도를 제어하며
금강삼매로써 일체 마음에 더러운 번뇌를 멸제하며
정진의 힘으로써 모든 선근을 모으며
부처님의 국토를 청정하게 한 모든 선근의 힘으로써 일체 악도의 모든 재난을 멀리 떠나며

집착하는 바가 없는 힘으로써 지혜의 경계를 청정하게 하며
방편과 지혜의 힘으로써 일체 보살의 모든 지위와 모든 바라밀과
그리고 모든 삼매와 육신통과 삼명과 사무소외를 출생하여 다
하여금 청정하게 하며

일체 선법의 힘으로써 일체 모든 부처님의 정토와 끝없는 상호相
好[392]와 몸과 말과 그리고 마음을 성만하여 구족하게 장엄하며
지혜의 자재롭게 관찰하는 힘으로써 일체 여래의 십력과 사무소외
와 십팔불공의 불법이 다 평등한 줄 알며

광대한 지혜의 힘으로써 일체 지혜와 지혜의 경계를 요달하여
알며

지나간 옛날 서원의 힘으로써 응당 교화할 바를 따라서 부처님의
국토를 나타내고, 큰 법륜을 전하여 한량없고 끝없는 중생을 제도
하여 해탈케 합니다.

疏

第二에 佛子야 菩薩摩訶薩이 住此下는 答行所成德用問이라 前
文有二할새 今亦二段하리니 第一은 答以行成因德이요 二는 答以
因成果德이라 今初는 具答十二問이니 各有二句라 上句는 答下句
니 上云호대 修何滅痴고할새 今答以智니 他皆倣此니라 二는 用慈
降魔니 夫欲害人인댄 反招自害하고 苟欲安人인댄 則物我俱安하

---

392 상호相好는 역시 삼십이상三十二相과 팔십종호八十種好이다.

나니 故柔勝剛하고 弱勝强이라 以慈安一切인댄 惡魔가 無以施害
하나니 慈善根力이 其功巨量이라 三은 福則怖之以威하고 智則屈
之以辯이라 次四後四는 文並可知라 八에 以方便智慧出生은 是
答이요 一切菩薩已下는 卽是所問이니 準上文中인댄 此有七事하
니 今波羅蜜下에 欠總持句라 然方便에 有二하니 若加行方便인댄
出生地度어니와 若善巧方便인댄 亦生諸度와 及餘五法이라 智亦
有二하니 若根本智인댄 卽成內證이어니와 若後得智인댄 卽成業
用이니 是故此二가 出生此七이라 言淸淨者는 治彼障故니라

제 두 번째 불자여, 보살마하살이 이 법 가운데 머문다고 한 아래는
인행因行으로 이룰 바 공덕의 작용을 물은 것을 답한 것이다.[393]
앞의 문장에 두 가지가 있었기에[394] 지금에도 또한 이단二段으로
하리니
첫 번째는 행으로써 원인(因)을 이루는 공덕을 답한 것이요
두 번째는 원인으로써 과보(果)를 이루는 공덕을 답한 것이다.
지금은 처음으로 열두 가지 질문을 갖추어 답한 것이니,
각각 두 구절이 있다.
위에 구절은 아래 구절을 답한 것이니

---

393 원문에 행소성덕용문行所成德用問이란, 영인본 화엄 6책, p.239, 6행에 설출說
  出하였다.
394 앞의 문장에 두 가지가 있었다고 한 것은 영인본 화엄 6책, p.239, 7행에
  문이행성인덕問以行成因德이요 문이인성과덕問以因成果德이라 하였다. 그러
  나 前에는 결인성과덕結因成果德이라 하여 以 자가 結 자로 되어 있다.

위에 구절에 말하기를 무엇을 닦아야 어리석음을 제멸하는가 하였기에 지금에 지혜로써 답한 것이니 다른 것은 다 이것을 본받을 것이다.
두 번째는 자비로써 마군을 항복받는 것이니,
대저 사람을 해치고자 한다면 도리어 스스로 해침을 초래하고 진실로 사람을 편안하게 하고자 한다면 곧 만물과 내가 함께 편안하나니, 그런 까닭으로 부드러운 것이 단단한 것을 이기고 약한 것이 강한 것을 이기는 것이다.
자비로 일체를 편안하게 한다면 악마가 해를 시여할 수 없나니 자비의 선근력이 그 공덕이 헤아릴 수 없는 것이다.
세 번째는 복덕이 곧 그 외도를 두렵게 하기를 위의로써 하고 지혜가 곧 그 외도를 굴복하기를 변재로써 하는 것이다.
다음에 네 가지와 뒤에 네 가지는 경문을 모두 가히 알 수가 있을 것이다.
여덟 번째 방편과 지혜로써 출생한다고 한 것은 이것은 답한 것이요 일체 보살이라고 한 이하는 곧 이것은 묻는 바이니,
상문上文 가운데를 기준한다면 여기에 칠사七事가 있나니[395] 지금에는 바라밀 아래에 총지總持라는 구절이 빠졌다.
그러나 방편에 두 가지가 있나니
만약 가행加行방편이라면[396] 모든 지위와 모든 바라밀을 출생하거니

---

395 원문에 준상문유칠사準上文有七事는 今엔 1. 제지諸地, 2. 제바라밀諸波羅蜜, 3. 삼매三昧, 4. 육통六通, 5. 삼명三明, 6. 사무소외四無所畏라 하였지만(영인본 화엄 6책, p.332, 8행) 그러나 상문上文(영인본 화엄 6책, p.238, 末行)엔 총지總持를 더하여 칠사七事를 삼았다. 上엔 칠종정덕七種淨德이라 하였다.

와, 만약 선교善巧방편이라면[397] 또한 모든 바라밀과 그리고 나머지 다섯 가지 법[398]을 출생할 것이다.

지혜에도 또한 두 가지가 있나니

만약 근본지라면 곧 안으로 증득함을 이루거니와, 만약 후득지라면 곧 업의 작용을 이룰 것이니

이런 까닭으로 이 두 가지[399]가 이 칠사七事를 출생하는 것이다.

청정케 한다고 말한 것은 저 장애를 다스리는 까닭이다.

鈔

故柔勝剛等者는 卽借老子道經云호대 柔弱이 勝剛強이니 御注云호대 柔順은 可以行權하고 權行은 卽能制物이니 故知하라 柔弱者가 必勝剛強이라하니라 德經云호대 天下之至柔가 馳騁天下之至堅이라하니 御注云호대 天下之至柔者는 正性也요 若馳騁代勝하야 染雜塵境에 情欲充塞인댄 則爲天下之至堅矣라하니 若河上公意인댄 意與前同하야 亦以柔가 能馳堅이 如水能穿石이라하니 今疏意在此니라 若根本智인댄 卽成內證等者는 七事가 皆有內證과 及業用故니라

---

396 만약 가행加行방편 운운은, 지지地地 앞(前)에 행지行智를 더하여 모든 지위에 들어가고 모든 바라밀을 출생出生하는 것이다.

397 만약 선교善巧방편 운운은, 지지地地 가운데(中)에 있는 까닭으로 모든 바라밀과 나머지 오사五事를 출생出生하는 것이다.

398 나머지 다섯 가지 법이란, 제도諸度 밖에 나머지 오법五法이다.

399 이 두 가지란, 내증內證과 업용業用이다.

그런 까닭으로 부드러운 것이 단단한 것을 이긴다고 한 등은 곧
노자『도덕경』에 말하기를[400] 부드러운 것과 약한 것이 단단한 것과
강한 것을 이긴다고 한 말을 빌려온 것이니,

어주御注[401]에 말하기를 유순한 이는 가히 권세를 행할 수 있고,
권세를 행하는 이는 곧 능히 만물을 제어하나니

그런 까닭으로 알아라. 부드럽고 약한 사람이 반드시 단단하고
강한 사람을 이긴다 하였다.

『도덕경』에 말하기를[402] 천하의 지극히 부드러운 것[403]이 천하의 지극
히 견고한 것에 치달려 나아간다 하였으니

---

400 此 노자老子『도덕경道德經』은 36장章이니 柔弱勝剛强이니 魚不可脫於淵하
고 國之利器는 不可以示人이라하니라. 즉 부드러운 것과 약한 것이 단단한
것과 강한 것을 이기나니 물고기는 물을 벗어나지 않아야 이롭고, 나라에
영리한 사람은 눈에 띄지 않아야 좋다 하였다.

401 어주御注는 임금이『도덕경道德經』에 주注를 낸 것이니, 곧 당唐나라 명왕
이다.

402 此 노자『도덕경』은 43장章이니 天下之至柔가 馳騁天下之至堅하고 無有가
入无間이니 吾是以知無爲之有益이라 하였다. 즉 천하의 지극히 부드러운
것이 천하의 지극히 견고한 것에 치달려 나아가고 아무것도 없는 것이
간격이 있는 데까지 들어가나니 나는 이것으로써 무위의 유익함을 안다
하였다

403 원문에 천하지지유天下之至柔는 天下柔弱이 莫過於水니 水也요 至堅은 金石
也라. 예컨대 如水無筋骨이나 能勝萬斛舟(만 톤의 배)라 함과도 같다. 천하에
부드럽고 약한 것이 물을 지나는 것이 없나니 부드러운 것은 물과 같고
지극히 견고한 것은 금석과 같다. 예컨대 물은 근육과 뼈가 없지만 능히
만 톤의 배를 이긴다고 함과도 같다.

어주에 말하기를 천하의 지극히 부드럽다고 한 것은 바른 성품이요 만약 치달려[404] 대승代勝[405]하여 더럽고 추잡한 진로의 경계에 정욕이 가득 차 막혔다면 곧 천하의 지극히 견고한 것이라 할 것이다 하였다. 만약 하상공河上公의 뜻이라면 그 뜻이 앞으로 더불어 같아서[406] 또한 부드러운 것이 능히 견고한 것에 치달려 나아가는 것이 마치 물이 능히 돌을 뚫는 것과 같다 하였으니,

지금에 소문의 뜻이 여기에 있는 것이다.

만약 근본지라면 곧 안으로 증득함을 이룬다고 한 등은 칠사七事가 다 안으로 증득하는 것과 그리고 업의 작용이 있는 까닭이다.

---

404 원문에 치빙馳騁은 노자『도덕경』 12장章에 馳騁田獵이 令人心發狂이라 하였다. 즉 말을 달려 사냥하는 것이 사람의 마음으로 하여금 발광하게 한다 하였다.『원각경圓覺經』초문鈔文에 馳騁田獵이 令人心狂케 한다 하였다.

405 대승代勝이라고 하는 대代는 오히려 가히 취하여 대代한다 할 것이니, 대승은 극성極盛을 말하는 것이다. 대개 어주御註의 뜻인즉 지극히 부드러운 것에 치달려 나아가면 지극히 견고한 것이 된다 하고, 하상공의 뜻인즉 지극히 부드러운 것이 지극히 견고한 것에 치달려 나아가는 것이 된다 하였다. 이상은『잡화기』의 말이다. 대승代勝은 본래 익렵七獵이라는 말이니 사냥한다는 뜻이다.『노자』 12장章에 말을 달려 사냥하는 것이 사람의 마음으로 하여금 발광發狂케 한다 하였고,『원각경』 초문에도 노자의 이 말을 그대로 인용하였다.

406 원문에 의여전동意與前同은 앞에『도덕경道德經』어주御註이다.『잡화기』는 뜻이 앞으로 더불어 같다고 한 것은 말하자면『도덕경』의 뜻으로 같다는 것이다 하였다.

經

佛子야 菩薩摩訶薩이 勤修此法하면 次第成就諸菩薩行하며 乃至得與諸佛平等하야

불자여, 보살마하살이 부지런히 이 법을 닦는다면 차례로 모든 보살의 행을 성취할 것이며
내지 모든 부처님으로 더불어 평등함을 얻어서

疏

二에 佛子下는 答以因成果問이라 於中亦二니 先은 結因成果니 謂但勤修上來諸行하면 則能次第로 從因得果리라

두 번째 불자라고 한 아래는 원인으로써 과보를 이루는 것을 물은 것을 답한 것이다.
그 가운데 또한 두 가지가 있나니
먼저는 원인을 맺어 과보를 이루는 것이니,
말하자면 다만 상래에 모든 행을 부지런히 닦는다면 곧 능히 차례로 원인을 좇아 과보를 얻을 것이다.

經

於無邊世界中에 爲大法師하야 護持正法하며

끝없는 세계 가운데 대법사가 되어 정법을 보호하여 가질 것이며

疏

二에 於無邊世界下는 正答所成之德이니 謂護持正法은 但當勤修上來의 以行成因之德하면 自當成後의 護持法等諸德일새 故乘前結因成德하야 明之하야 答上十句라 文分九段하리니 第一은 答初總句에 如來法藏을 守護開演이라

두 번째 끝없는 세계라고 한 아래는 이룰 바 공덕을 바로 답한 것이니,
말하자면 정법을 보호하여 가진다고 한 것은 다만 마땅히 상래에 행으로써 원인을 이루는 공덕을 부지런히 닦는다면 스스로 마땅히 뒤에 정법을 보호하여 가진다는 등의 모든 공덕을 이룰 것이기에 그런 까닭으로 앞에 원인을 맺어 공덕을 이루는 것을 질문한 것을 틈타서[407] 그것을 밝혀 위에 열 구절을 답한 것이다.

경문을 구단九段으로 하리니

---

407 원문에 乘은 승간乘間, 승극乘隙이니 그 사이를 틈탄다는 뜻이다.

첫 번째는 처음 총구總句[408]에 여래의 법장을 수호하고 개시하여
연설한다고 한 것을 답한 것이다.

---

[408] 처음 총구總句라고 한 것은 영인본 화엄 6책, p.241, 7행에서 설출說出한
것이다.

經

一切諸佛之所護念하며

일체 모든 부처님이 보호하고 염려하는 바가 될 것이며

疏

二에 佛所護念은 卽答衆魔外道가 無能沮壞니 以佛護故니라

두 번째 부처님이 보호하고 염려하는 바가[409] 될 것이라고 한 것은
곧 수많은 마군과[410] 외도가 능히 무너뜨리지 못한다고 한 것을
답한 것이니
부처님이 보호하는 까닭이다.

---

409 원문에 염고念故라 한 故 자는 없는 것이 좋다.
410 수많은 마군 운운은 영인본 화엄 6책, p.241, 8행이다.

經

守護受持廣大法藏하야 獲無礙辯하야 深入法門하며

광대한 법장을 수호하고 받아 가져 걸림 없는 변재를 얻어서 법문에
깊이 들어갈 것이며

疏

三에 守護受持下는 答攝持正法을 無有窮盡이라

세 번째 광대한 법장을 수호하고 받아 가진다고 한 아래는 정법을
섭수하여 가지기를 끝이 없이 한다고 한 것을 답한 것이다.

經

於無邊世界의 大衆之中에 隨類不同하야 普現其身호대 色相具
足하야 最勝無比하며 以無礙辯으로 巧說深法호대 其音圓滿하야
善巧分布故로 能令聞者로 入於無盡智慧之門하며

끝없는 세계의 대중 가운데 유형이 같지 아니함을 따라서 널리
그 몸을 나타내되 색상을 구족하여 가장 수승하게 비교할 데가
없이 할 것이며
걸림이 없는 변재로써 깊은 법을 교묘하게 설하되 그 음성이 원만하
여 잘 교묘하게 분포하는 까닭으로 능히 듣는 사람으로 하여금
끝없는 지혜의 문에 들어가게 할 것이며

疏

四에 於無邊下는 答於一切世界中에 演說法時에 十王敬護니 謂
身勝音巧하야 令聞者로 入智故라

네 번째 끝없는 세계라고 한 아래는 일체 세계 가운데 법을 연설할
때에 십왕이 공경하고 수호한다고 한 것을 답한 것이니,
말하자면 몸이 수승하고 음성이 교묘하여 듣는 사람으로 하여금
지혜에 들어가게 하는 까닭이다.

經

知諸衆生의 心行煩惱하야 而爲說法호대 所出言音이 具足淸淨
故로 一音演暢하야 能令一切로 皆生歡喜하며

모든 중생의 마음과 행동과 번뇌를 알아 법을 연설하되 설출하는
바 말과 음성이 구족하여 청정한 까닭으로 한 음성으로 연창하여
능히 일체중생으로 하여금 다 환희심을 내게 할 것이며

疏

五에 知諸衆生下는 答擧世同欽이니 稱機令喜故라

다섯 번째 모든 중생의 마음과 행동과 번뇌를 안다고 한 아래는
모든 세간이 함께 흠모한다[411]고 한 것을 답한 것이니,
근기에 칭합하여 하여금 환희케 하는 까닭이다.

---

[411] 앞의 영인본 화엄 6책, p.242, 1행에는 일체세간一切世間이 공경공양恭敬供養
이라 하였다.

經

其身端正하고 有大威力故로 處於衆會에 無能過者며

그 몸이 단정하고 큰 위신력이 있는 까닭으로 대중의 회상에 거처함
에 능히 그를 지날 자가 없을 것이며

疏

六에 其身端正下는 答菩薩愛敬이니 端正有德故라 其佛灌頂은
在前第二佛護之中이라

여섯 번째 그 몸이 단정하다고 한 아래는 일체 보살이 사랑하고
공경한다고 한 것을 답한 것이니,
단정하고 덕력이 있는 까닭이다.
그 부처님이 머리에 물을 뿌린 것[412]은 앞[413]의 제 두 번째 부처님이
호념하는 바가 된다고 한 가운데 함섭되어 있다.

---

412 원문에 기불관정其佛灌頂은 영인본 화엄 6책, p.242, 2행에 동관기정同灌其頂
하야 상위제불지소호념常爲諸佛之所護念이라 하였다.
413 여기서 앞이란, 영인본 화엄 6책, p.336, 4행에 二에 佛所護念이다.

經

善知衆心故로 能普現身하며 善巧說法故로 音聲無礙하며 得心
自在故로 巧說大法에 無能沮壞하며 得無所畏故로 心無怯弱하
며 於法自在故로 無能過者며 於智自在故로 無能勝者며 般若波
羅蜜自在故로 所說法相이 不相違背하며 辯才自在故로 隨樂說
法호대 相續不斷하며 陀羅尼自在故로 決定開示諸法實相하며
辯才自在故로 隨所演說하야 能開種種譬諭之門하며 大悲自在
故로 勤誨衆生호대 心無懈息하며 大慈自在故로 放光明網하야
悅可衆心하리라

중생의 마음을 잘 아는 까닭으로 능히 널리 몸을 나타내며
잘 교묘하게 법을 설하는 까닭으로 음성이 걸림이 없으며
마음에 자재함을 얻은 까닭으로 큰 법을 교묘하게 설함에 능히
무너뜨릴 수 없으며
두려워하는 바가 없음을 얻은 까닭으로 마음이 겁나거나 약함이
없으며
법에 자재한 까닭으로 능히 그를 지날 자가 없으며
지혜에 자재[414]한 까닭으로 능히 그를 이길 자가 없으며
반야바라밀에 자재[415]한 까닭으로 설하는 바 법상이 서로 위배되지
아니하며

---

414 원문에 지자재智自在는 권지權智이다.
415 원문에 반야자재般若自在는 실지實智이다.

변재에 자재한 까닭으로 좋아함을 따라 법을 설하되 상속하여
끊어지지 아니하며
다라니에 자재한 까닭으로 결정코 모든 법의 실상을 개시하며
변재에 자재한 까닭으로 연설할 바를 따라서 능히 가지가지 비유의
문을 개시하며
대비에 자재한 까닭으로 부지런히 중생을 가르치되 마음이 게으르
거나 쉬지 아니하며
대자大慈에 자재한 까닭으로 광명의 그물을 놓아 중생의 마음을
기쁘게 할 것입니다.

疏

七에 善知衆心下는 答得善根力하야 增長白法이라 於中先은 總明
三業이요 後에 得心下는 別顯十種自在가 皆是善根이라 其十自在
之能이 並是增長白法이라

일곱 번째 중생을 잘 안다고 한 아래는 선근의 힘을 얻어 백정법을
증장한다고 한 것을 답한 것이다.
그 가운데 먼저는 삼업을 한꺼번에 밝힌 것이요
뒤에 마음에 자재함을 얻는다고 한 아래는 열 가지 자재함이 다
이 선근임을 따로 나타낸 것이니,
그 열 가지 자재한 공능이 모두 이 백정법을 증장하는 것이다.

經

菩薩이 如是處於高廣師子之座하야 演說大法에 唯除如來와 及
勝願智한 諸大菩薩하고 其餘衆生은 無能勝者며 無見頂者며 無
映奪者니 欲以難問으로 令其退屈이라도 無有是處니라

보살이 이와 같이 높고 넓은 사자의 자리에 거처하여 큰 법을
연설함에 오직 여래와 그리고 서원과 지혜가 수승한 모든 큰 보살을
제외하고 그 나머지 중생은 능히 이길 자가 없으며 머리를 볼
자가 없으며 광명을 빼앗을 자가 없나니,
힐난한 질문으로써 그로 하여금 물러나 굴복케 하고자 할지라도
옳을 곳이 없습니다.

疏

八에 菩薩如是下는 答開演如來의 甚深法藏이라

여덟 번째 보살이 이와 같이라고 한 아래는 여래의 깊고도 깊은
법장을 열어 연설한다고 한 것을 답한 것이다.

佛子야 菩薩摩訶薩이 得如是自在力已에 假使有不可說世界
量廣大道場에 滿中衆生하야 一一衆生의 威德色相이 皆如三千
大千世界主라도 菩薩於此에 纔現其身에 悉能映蔽如是大衆하
야 以大慈悲로 安其怯弱하며 以深智慧로 察其欲樂하며 以無畏
辯으로 爲其說法하야 能令一切로 皆生歡喜케하나라

불자야, 보살마하살이 이와 같이 자재한 힘을 얻은 이후에 가사
어떤 사람이 가히 말할 수 없는 세계의 분량과 넓고 큰 도량에
그 가운데 중생을 가득하게 하여 낱낱 중생의 위덕과 색상이 다
삼천대천세계의 군주와 같게 할지라도 보살이 여기에 겨우 그
몸을 나타냄에 다 능히 이와 같은 대중을 가려 큰 자비로써 그
겁내고 약한 중생을 안은하게 하며
깊은 지혜로써 그 욕락하는 중생을 관찰하며
두려움이 없는 변재로써 그 중생을 위하여 법을 설하여 능히 일체중
생으로 하여금 다 환희심을 내게 합니다.

疏

九에 佛子야 菩薩得如是下는 答攝持正法하야 以自莊嚴이니 於中
初는 明自嚴이라

아홉 번째 불자여, 보살마하살이 이와 같은 자재한 힘을 얻은 이후라

고 한 아래는 정법을 섭수하여 가져 스스로 장엄하겠느냐고[416] 한
것을 답한 것이니

그 가운데 처음에는 스스로 장엄함을 밝힌 것이다.

---

416 장엄하겠느냐고 한 어투는 앞의 팔단에도 이렇게 번역하는 것이 옳지만
앞에 영인본 화엄 6책, p.241에 十句를 하며, 하며라고 열거하고 마지막
第十句에 "하리닛고"라고 吐한 것을 기준하여 번역한 까닭이다.

經

何以故오 佛子야 菩薩摩訶薩이 成就無量智慧輪故며 成就無量
巧分別故며 成就廣大正念力故며 成就無盡善巧慧故며 成就
決了諸法實相하는 陀羅尼故며 成就無邊際菩提心故며 成就無
錯謬妙辯才故며 成就得一切佛加持하야 深信解故며 成就普入
三世諸佛의 衆會道場하는 智慧力故며 成就知三世諸佛의 同一
體性하는 淸淨心故며 成就三世一切如來智와 一切菩薩大願智
하야 能作大法師하야 開闡諸佛正法藏하고 及護持故니라

무슨 까닭인가.
불자여, 보살마하살이 한량없는 지혜의 바퀴를 성취한 까닭이며
한량없는 교묘한 분별을 성취한 까닭이며
광대한 바른 생각의 힘을 성취한 까닭이며
끝없는 선교의 지혜를 성취한 까닭이며
결정코 모든 법의 실상을 아는 다라니를 성취한 까닭이며
끝없는 보리심을 성취한 까닭이며
착오 없는 묘한 변재를 성취한 까닭이며
일체 부처님의 가피지력을 얻어 깊이 믿고 앎을 성취한 까닭이며
널리 삼세에 모든 부처님의 대중이 모인 도량에 들어가는 지혜의
힘을 성취한 까닭이며
삼세에 모든 부처님의 동일한 체성을 아는 청정한 마음을 성취한
까닭이며

삼세에 일체 여래의 지혜와 일체 보살의 큰 서원과 지혜를 성취하여
능히 대법사를 지어[417] 모든 부처님의 정법의 창고를 열고 그리고
수호하여 가지는 까닭입니다.

疏

次徵後釋이니 以攝正法故로 有十句德이며 亦卽是前所成之德이
니 可思準之니라

다음에는 묻는 것이요
뒤에는 해석한 것이니,
정법을 섭수하는 까닭으로 열 구절의 공덕이 있으며,
또한 곧 이것은 앞에 이룰 바 공덕이니 가히 생각하여 기준할 것이다.

鈔

亦卽是前所成之德者는 卽牒前文에 十種自在한 總別諸句라 初智
慧輪은 卽牒前總句의 成就三業이니 智爲導故요 次之九句는 牒十自
在나 但一二不次라 一에 成巧分別은 卽牒前第一에 得心自在故로
巧說大法이요 二에 廣大念力은 卽第二에 無畏自在요 三에 善巧智慧
는 卽第三에 於法自在와 及第四에 於智自在니 由巧慧하야 了法故라
故合其二라 四에 實相總持는 卽第七에 陀羅尼自在요 五에 成菩提는

---

417 원문에 能作 아래는 總結十句이다.

却是第五에 般若自在니 般若爲先故요 六에 無錯謬辯은 卽第六에
辯才自在요 七에 得佛加持는 卽前第八에 隨所演法하야 開譬喩門이
요 八에 普入佛會는 卽大悲自在하야 誨生不倦이요 九에 同一體性은
卽第十에 大慈自在니 同體慈故요 第十一句에 作大法師는 卽總結
前十이라

또한 곧 이것은 앞에 이룰 바 공덕이라고 한 것은 곧 앞[418]의 경문에
열 가지 자재한 총별의 모든 구절을 첩석하여 말한 것이다.

처음에 지혜의 바퀴라고 한 것은 곧 앞의 총구總句[419]에 삼업을 성취한
다고 한 것을 첩석한 것이니 지혜로 인도하는 까닭이요
다음에 아홉 구절은 열 가지 자재를 첩석한 것이지만 다만 처음과
두 번째만 차례가 아닌 듯하다.[420]
첫 번째 교묘한 분별을 성취한다고 한 것은 곧 앞의 첫 번째 마음에
자재를 얻은 까닭으로 교묘하게 큰 법을 설한다고 한 것을 첩석한
것이요
두 번째 광대한 바른 생각의 힘이라고 한 것은 곧 제 두 번째 두려움이
없이 자재하다고[421] 한 것이요

---

418 앞이란, 영인본 화엄 6책, p.337, 9행이다.
419 앞의 총구總句란, 영인본 화엄 6책, p.338, 8행에 先은 總明三業이라 하였다.
420 원문에 不次란, 청량淸凉스님이 배속은 하고 있지만 잘 어울리지 않는다는
   뜻이니, 즉 巧分別과 巧說大法, 그리고 廣大念力과 無畏自在를 배속은 하지
   만 어울리는 배속은 아니라는 것이다.

세 번째 선교의 지혜라고 한 것은 곧 제 세 번째 법에 자재하다고
한 것과 그리고 제 네 번째 지혜에 자재하다고 한 것이니
선교의 지혜를 인유하여 법을 아는 까닭이다.
그런 까닭으로 그 두 가지를 합하였다.
네 번째 실상을 아는 총지라고 한 것은 곧 제 일곱 번째 다라니에
자재하다고 한 것이요
다섯 번째 보리심을 성취한다고 한 것은 도리어 제 다섯 번째 반야에
자재하다고 한 것이니 반야로 우선을 삼는 까닭이요
여섯 번째 착오 없는 변재라고 한 것은 곧 제 여섯 번째 변재에
자재하다고 한 것이요
일곱 번째 부처님의 가피지력을 얻는다고 한 것은 곧 앞에 제 여덟
번째 연설할 바 법을 따라서 비유의 문을 개시한다고 한 것이요
여덟 번째 널리 부처님이 모인 도량에 들어간다고 한 것은 곧 대비에
자재하여 중생을 가르치되 게으르지 않는다고 한 것이요
아홉 번째 동일한 체성이라고 한 것은 곧 제 열 번째 대자大慈에
자재하다고 한 것이니 동체대자同體大慈인 까닭이요
제 열한 번째 구절에 대법사를 짓는다고 한 것은 곧 앞에 열 구절을
모두 맺는 것이다.

---

421 원문에 第二에 무외자재無畏自在라고 한 것은, 앞에서는 득무소외고得無所畏
故로 심무겁약心無怯弱이라 하였다. 此下도 이와 같이 의인意引한 것이 많다.

經

爾時에 法慧菩薩이 欲重宣其義하야 承佛神力하야 而說頌言
호대

心住菩提集衆福하며 常不放逸植堅慧하며
正念其意恒不忘하야 十方諸佛皆歡喜케하니다

念欲堅固自勤勵하며 於世無依無退怯하며
以無諍行入深法하야 十方諸佛皆歡喜케하니다

그때에 법혜보살이 거듭 그 뜻을 선설하고자 하여 부처님의 위신력
을 받아 게송을 설하여 말하기를

마음이 보리에 머물러 수많은 복을 모으며
항상 방일하지 않고 견고한 지혜를 심으며
그 뜻을 바로 생각하여 항상 잊지 아니하여
시방의 모든 부처님으로 다 환희케 합니다.

생각과 욕망이 견고하여 스스로 부지런히 힘쓰며
세간에 의지함도 없고 물러남도 겁남도 없으며
다툼이 없는 행으로써 깊은 법에 들어가서
시방에 모든 부처님으로 다 환희케 합니다.

疏

第二는 重頌分이라 十頌分二리니 初六偈는 頌前十種의 所成行體
요 後四偈는 頌行所成德이라 前中에 初二偈는 頌佛喜니 於中初
半은 頌不放逸이요 餘頌佛喜라

제 두 번째는 거듭 게송으로 설한 분(重頌分)이다.
열 가지 게송을 두 가지로 나누리니
처음에 여섯 게송은 앞에 열 가지 이룰 바 행의 자체를 읊은 것이요
뒤에 네 게송은 행으로 이룰 바 공덕을 읊은 것이다.
앞의 여섯 게송 가운데 처음에 두 게송은 부처님으로 환희케 함[422]을
읊은 것이니
그 가운데 처음에 반 게송은 방일하지 아니함을 읊은 것이요
나머지는 부처님으로 환희케 함을 읊은 것이다.

---

422 원문에 불희佛喜란, 염불환희念佛歡喜이니 앞에 영인본 화엄 6책, p.255,
1행에 있다.

經

佛歡喜已堅精進하야 修行福智助道法하야
入於諸地淨衆行하며 滿足如來所說願케하니다

부처님으로 환희케 한 이후에 정진이 견고하여
복덕과 지혜의 도를 돕는 법을 수행하여
모든 지위에 들어가 수많은 행을 청정케 하며
여래의 설한 바 서원을 만족케 하였습니다.

疏

二에 有一頌은 頌入地와 及大行大願이라

두 번째 한 게송이 있는 것은 지위에 들어가는 것과 그리고 큰
행과 큰 서원을 읊은 것이다.

經

如是而修獲妙法하고 **既得法已施群生**호대
隨其心樂及根性하며 **悉順其宜爲開演**하니다

이와 같이 수행하여 미묘한 법을 얻고
이미 법을 얻은 이후에 중생에게 보시하되
그들의 마음에 좋아하는 것과 그리고 근성을 따르며
다 그들의 마땅함을 따라서 개시하여 연설합니다.

疏

三에 **一頌**은 **頌菩薩藏**과 **及所應化**에 **而爲說法**이라

세 번째 한 게송은 보살의 열 가지 끝없는 창고[423]와 응당 교화할
바를 따라 법을 설함을[424] 읊은 것이다.

---

[423] 보살의 열 가지 끝없는 창고는 영인본 화엄 6책, p.276, 3행이다.
[424] 응당 교화할 바를 따라 법을 설하는 것은 영인본 화엄 6책, p.276, 말행末行
이다.

經

菩薩爲他演說法이나 不捨自己諸度行하며
波羅蜜道旣已成에   常於有海濟群生하나다

보살이 저 중생을 위하여 법을 연설하지만
자기가 모든 바라밀을 수행하는 것도 버리지 아니하며
바라밀의 도가 이미 이루어짐에
항상 삼유의 바다에 중생을 제도합니다.

疏

四에 一頌은 頌不捨自行諸度와 及所念衆生으로 皆令得度라

네 번째 한 게송은 자기가 수행하는 모든 바라밀을 버리지 않는
것과 그리고 염려하는 바 중생으로 다 하여금 모든 바라밀을 얻게
함을 읊은 것이다.

經

晝夜勤修無懈倦하야 **令三寶種不斷絶**하며

낮과 밤으로 부지런히 수행하길 게으름이 없이 하여
삼보의 종성으로 하여금 끊어지지 않게 하며

疏

五에 半頌은 頌不斷三寶라

다섯 번째 반 게송은 삼보가 끊어지지 않게 함을 읊은 것이다.

經

所行一切白淨法으로 悉以迴向如來地하니다

수행한 바 일체 백정법으로써
다 여래의 지위에 회향합니다.

疏

六에 半頌은 頌善根方便이 皆悉不空이라

여섯 번째 반 게송은 선근방편이 다 헛되지 아니함을 읊은 것이다.

經

菩薩所修衆善行은　普爲成就諸群生하야
令其破闇滅煩惱하며 降伏魔軍成正覺이니다

보살이 수행한 바 수많은 선행은
널리 모든 중생을 성취하여
그 중생으로 하여금 어둠을 깨뜨리고 번뇌를 소멸하며
마군을 항복받고 정각을 성취케 하기 위한 것입니다.

疏

二에 菩薩所修下는 頌行所成德이니 初一은 頌初行所成因德이라

두 번째 보살이 수행한 바라고 한 아래는 행으로 이룰 바 공덕을
읊은 것이니
처음에 한 게송은[425] 처음에 행으로 이룰 바 원인(因)의 공덕을 읊은
것이다.

---

425 처음에 한 게송 운운은, 此는 初에 行所成因德이고 後는 二에 以因成果德이
다. 果는 德의 잘못이니, 차본은 이미 교정되어 있다.

經

如是修行得佛智하야 深入如來正法藏하야
爲大法師演妙法호대 譬如甘露悉霑灑하니다

慈悲哀愍遍一切하야 衆生心行靡不知하야
如其所樂爲開闡　　無量無邊諸佛法하니다

이와 같이 수행하여 부처님의 지혜를 얻어
여래의 정법장에 깊이 들어가
대법사가 되어 묘법을 연설하되
비유하자면 감로수를 다 뿌려주는 것과 같이 합니다.

자비로 어여삐 여기는 것이 일체에 두루하여
중생의 마음과 행동을 알지 못함이 없어서
그들이 좋아하는 바와 같이
한량도 없고 끝도 없는 모든 불법을 개시합니다.

疏

後에 有三偈는 頌以因成果德이니 於中에 初二頌은 通頌前之八
段이라

뒤에 세 게송이 있는 것은 원인으로써 과보를 이루는 공덕을 읊은

것이니

그 가운데 처음에 두 게송은 앞에 여덟 단락을 통틀어 읊은 것이다.

經

進止安徐如象王하며 勇猛無畏猶師子하며
不動如山智如海하며 亦如大雨除衆熱하니다

나아가고 그침을 편안하고 서서히 하는 것이 코끼리 왕과 같으며
용맹하여 두려움이 없는 것이 사자와 같으며
움직이지 않는 것이 산과 같고 지혜가 바다와 같으며
또한 큰비가 수많은 열기를 제멸하는 것과 같습니다.

疏

後에 一頌은 別頌第九에 答攝持正法하야 以自莊嚴이니 以喩而顯
이라 一은 身儀安諦니 頌前現身이요 次는 辨德威猛이니 頌前以無
畏辯이요 三은 心定不動이니 頌安其怯弱이요 四는 智深如海니
頌以深智慧요 五는 法雨滅障이니 頌前而爲說法이라

뒤에 한 게송은 제 아홉 번째[426] 정법을 섭수하여 가져 스스로 장엄한
다고 한 것을 답한 것이라고 한 것을 따로 읊은 것이니,
비유로써 나타낸 것이다.
첫 번째는 몸의 위의를 편안히 하고 살피는 것이니
앞[427]에 몸을 나툰 것을 읊은 것이요

---

426 제 아홉 번째란, 영인본 화엄 6책, p.339, 9행이다.

다음은 공덕이 위엄하고 용맹함을 분별한 것이니
앞에 두려움이 없는 변재를 읊은 것이요
세 번째는 마음이 안정되어 움직이지 않는 것이니
앞에 그 겁내고 약한 중생을 안은하게 함을 읊은 것이요
네 번째는 지혜가 깊은 것이 바다와 같나니
앞에 깊은 지혜를 읊은 것이요
다섯 번째는 진리의 비로 번뇌의 장애를 제멸하는 것이니
앞에 그 중생을 위하여 법을 설함을 읊은 것이다.

---

427 앞이란, 영인본 화엄 6책, p.339, 6행이니 此下는 可知라.

經

時에 法慧菩薩이 說此頌已에 如來歡喜하시고 大衆奉行하니다

그때 법혜보살이 이 게송을 설하여 마침에 여래는 환희하시고
대중은 받들어 실행하였습니다.

疏

第三에 時法慧下는 明結說分이니 謂契理合機故로 佛喜衆奉也
라 第三會는 竟이라

제 세 번째 그때 법혜보살이라고 한 아래는 설함을 맺는 분을 밝힌
것이니,
말하자면 진리에 계합하고 근기에 계합하는 까닭으로 부처님은
환희하시고 대중은 받들어 실행하는 것이다.

제삼회는 마친다.

청량 징관(清涼 澄觀, 738~839)

중국 화엄종의 제4조.

절강성浙江省 월주越州 산음山陰 사람으로, 속성은 하후夏侯, 자는 대휴大休, 탑호는 묘각妙覺이다.

11세에 출가하여 계율, 삼론, 화엄, 천태, 선 등을 비롯, 내외전을 두루 수학하였다. 40세(777년) 이후 오대산 대화엄사에 머물면서 『화엄경』을 여러 차례 강설하였으며, 이를 토대로 『대방광불화엄경소』 60권, 『대방광불화엄경수소연의초』 90권을 저술하고 강의하였다. 796년에는 반야삼장의 『40권 화엄경』 번역에 참여하였고, 덕종에게 내전에서 화엄의 종지를 펼쳤다. 덕종에게 청량국사清涼國師, 헌종에게 승통청량국사僧統清涼國師라는 호를 받는 등 일곱 황제의 국사를 지냈다.

저서로 『화엄경주소華嚴經註疏』, 『화엄경수소연의초華嚴經隨疏演義鈔』, 『화엄경강요華嚴經綱要』, 『화엄경략의華嚴經略義』, 『법계현경法界玄鏡』, 『삼성원융관문三聖圓融觀門』 등 400여 권이 있다.

관허 수진貫虛 守眞

1971년 문성 스님을 은사로 출가, 1974년 수계, 해인사 강원과 금산사 화엄학림을 졸업하고, 운성, 운기 등 당대 강백 열 분에게 10년간 참문수학하였다.

1984년부터 수선안거 10년을 성만하고, 1993년부터 7년간 해인사 강원 강주로 학인들을 지도하였다.

대한불교조계종 교육위원, 역경위원, 교재편찬위원, 중앙종회의원, 범어사 율학승가대학원장 및 율주를 역임하였다.

현재 부산 승학산 해인정사에 주석하면서, 대한불교조계종 고시위원장, 단일계단 계단위원·존증아사리, 동명대학교 석좌교수, 동명대학교 세계선센터 선원장 등의 소임을 맡고 있다.

청량국사화엄경소초 38 - 명법품

초판 1쇄 인쇄 2023년 7월 10일 | 초판 1쇄 발행 2023년 7월 24일
청량 징관 **찬술** | 관허 수진 **현토역주** | 펴낸이 김시열
펴낸곳 도서출판 운주사

　　　(02832) 서울시 성북구 동소문로 67-1 성심빌딩 3층

　　　전화 (02) 926-8361 | 팩스 0505-115-8361

ISBN 978-89-5746-746-6　94220
ISBN 978-89-5746-592-9　(총서)　값 23,000원

http://cafe.daum.net/unjubooks 〈다음카페: 도서출판 운주사〉